心理臨床における「あの世」のゆくえ

石川勇一　森岡正芳
鈴木康広　井上ウィマラ

春秋社

まえがき

かつてウィリアム・ジェームズは、「仏教こそ皆が、将来学ぶことになる心理学です」と予言したという。その一〇〇年以上もたった今日、この予言は一部あたっているだろう。マインドフルネスの世界的な普及はその最たるものである。二一世紀の認知神経科学、意識研究に深い影響を及ぼしているフランシスコ・ヴァレラは、けっして長くはなかったその人生において、深刻な精神的危機に陥ったことがあるという。ダライ・ラマとの出会いと精神的な交流を通して、魂の深い導きを得たようである。ヴァレラは行為によって世界を作っていく認知の在り方を提示した。認知科学の範囲を広げ人間の経験へと開かれたものとする。「世界」や「自己」が先にあるのではない。行為から認知が生まれてくるのである。認知とは世界を知ることではなく、世界を生み出すことである。最前線の科学においても、仏教が長年探求してきた意識の探求と世界と自己の（無）根拠が課題である。この課題は心理臨床の場では、さらに実践的に抜き差しならぬものとなってくる。深刻な精神的危機や苦しみは、この世の論理だけでは行き詰る。たとえば、アルコール、ゲーム、ギャンブル、薬物など種々の依存や出口のない嗜癖に現代人は苦しんでいる。心の底の苦しみから生まれてくる問いと、それによって導かれる対話は、仏教の実践の出発点でもある。

さて、なぜ心理臨床において「あの世」なのか。この問いも以上のような対話の場から必然的に呼び覚まされたものである。日本心理臨床学会にて「心理臨床と仏教」というテーマで自主シンポジウムが企画されてきた。二〇一八年から黒木賢一、井上ウィマラ、鮫島有里、日吉円順、新井励らがシリーズで企画し、二〇二二年の大会までに、原始仏教における瞋と心理学の怒り、五蘊のダイナミズム、無常観、遍路セラピー、内観療法、緩和ケアでの実践、家族の布置関係と縁起、マインドフルネスなどさまざまな視座から心理臨床と仏教の関係性について対話を重ねてきた。二〇二二年九月に開催された日本心理臨床学会第四一回大会では、「心理臨床における「あの世」の位置づけ」というテーマで、シンポジウム「心理臨床と仏教」の第五回目が企画された。石川勇一より、「輪廻と解脱を見据えた心理臨床」としてダンマセラピーの実践の報告、鈴木康広より、ユングの臨死体験をもとに「スピリチュアル・エマージェンシー」に関わる報告、森岡正芳より、「他界の危機と回復」と題して、臨床心理学に独創的な足跡を残した井上亮の「他界心理学」の紹介が行われた。そして指定討論として、井上ウィマラより「あの世とこの世を共に生きる道」が発題された。本書はこのシンポジウムを起点として編集されたものである。

以上の学会活動と並行して仏教の季刊総合誌「Samgha Japan（サンガジャパン）」において誌上連続シンポジウム「心理臨床と仏教」が展開した。その一回目は、原始仏教の怒りと心理臨床の怒り―教育の現場」（32号, 2019）というテーマで鮫島有里が話題提供を行い、第二回は、真栄城輝明が「仏教の視点から内観療法のエッセンスを考える」（33号, 2019）を報告した。第三回は「歩き遍路」

を心理臨床する」（34号, 2020）と題して、黒木賢一が話題提供を行った。第四回では、「出来事の生起と論理―他界を見通すまなざしとは」（35号, 2020）として、森岡正芳が報告した。以上の発題に対して、井上ウィマラがコメントし、さらに各話題提供者が応答するという形式をとっている。以上のような流れを下地にして、この書物は形になってきた。

さて、本書の中心となる課題は「あの世」である。これについて独創的な心理療法家井上亮（1947-2002）が『他界心理学』という先駆的な講義（一九八七年）を残している。その講義録は現在編集中であるが、心理臨床とあの世という課題を追うにあたって、私たちの書物が成り立つもう一つの導火線になっている。井上はその当時日本で流布していた心理療法には限界を感じ、西アフリカのカメルーン共和国で、呪術医になるための夢見のイニシエーションを受け、心の癒しの本質の探究に身を投じた。一九八九年八月から一年間、西アフリカ・カメルーン共和国アマダワ州地域に在外研究で滞在し、呪術医一三〇名に対する疾病観、治療観、成巫過程などについてのインタビュー調査を行ったのち、数名の呪術医からイニシエーションと修行を受け、その後もたびたびカメルーンを訪れ修行を継続してきた。呪術医になるための通過儀礼で得られた「(夢見のなかで覚醒していく) リアリティ感覚の現出」、「夢見のコントロール」は、現代心理療法にも活かせる可能性を持つと、井上は考えていた。それは、無意識とされている領域に自我が能動的に分け入っていく現象であり、無意識に圧倒されやすい境界例や精神病圏のクライエントに対して、心理療法家が治療スタンスを持つための訓練方法としての可能性があると考えられる（以上は、当時井上亮が勤務していた大阪女子大学の学生であった井上靖子からの情報そして、死後編集された井上亮『心理療法とシャーマニズム』創元社 2006 による）。

井上は、統合失調症や自閉症の症状自体は軽くなってきている。しかし「病」は深くなってきているとし、彼らを「われわれに成り代わって、現代の他界の問題を引き受けている人」ととらえる。ここで他界の問題とは、この世とあの世とのつながりを断ち切り、そのバランスを壊してしまった現代人の魂の問題を指す。それは予言的でさえある。四〇年たった現代においてますますその亀裂は深まってしまっている。井上は他界を取り入れた心理療法を提唱する。セラピストはこの世と他界との往還を果たすことが基本となる。この世と他界は断絶しつつ、繋がっている。セラピストは他界から戻ってその体験を、クライエントと共有し、二つの世界を架橋する仕事を行うのだ。

それでは心理臨床において、この世を支え力になるあの世、他界とはいったいどういうものだろう。あの世とのつながりを取り戻すセラピストの働きとはどういうものだろう。彼岸は此岸の力である。このことは、心理臨床の種々の現場を掘り起こすと必ずどこかで行き着く大きな課題である。この書を通して共に考えていきたい。

執筆者の一人として　森岡正芳

心理臨床における「あの世」のゆくえ　目次

第二部　ディスカッションを終えて

心理臨床における「あの世」のゆくえ

我らが恩師河合隼雄先生に捧げる
あの世から私たちの試みを見守っていてください

第一部　それぞれの「あの世」談義

第一章　あの世の体験――父の死とシャーマニズム体験

石川勇一

（1）あの世を意識してこの世を生きる

はじめまして。石川です。今回のシンポジウムのテーマは「心理臨床における『あの世』の位置づけ」ということですが、はじめに、突拍子もないようですが、私が「あの世」をどのように意識しているのかということからお話しさせていただきます。

私の場合、誰かの心理相談を行っているとき、いつでもある程度はあの世のことをすくなくともバックグラウンドとしては意識しています。それは、心理療法の場面だけではなく、誰かと接しているときでも、自分一人でいるときでも、つねにあの世が意識のどこかにありながら生きています。心の働きは必ずしも身体という空間に閉じこめられたものではなく、生育史のなかで無数に積み重ねられた個々の経験から連続する流れのなかで、今の心が生起しています。その心は、この身体と縁をもつ以前は、あの世で繰り返し無数の相続を繰り返してきた流れにもつながっています。

そして、この身体が滅びた後も、この心は回転し続けるだろうと思っています。これが仮に私の心と呼べるものの有り様だと認識しています。さらに、心はつねに別の生命の心の働きと関わり合い、影響し合っています。交流する別の生命の心は、人間の心である場合もあり、動物の心である場合もあり、人間界でも動物界でもないあの世の生命の場合もあります。

このように、私はこの世にいながら、つねにあの世を意識して生きています。ほとんどの方々にとっては、このような認識は理解不能であり、非常識か、頭がおかしいと思われたかもしれません。しかし、このような認識の中で私が生きているのは、根拠がないわけではありません。今回は、その根拠の一部である、「あの世」と関わった私的な体験を少しお話しさせていただこうと思います。

第一は、父の死の前後に体験した一連の出来事、第二は、奥アマゾンのシャーマニズムで体験した出来事の一部を紹介させていただきます。どちらも、一般的な常識だけを信じている人にとっては、到底受け入れがたい話と受け止められることは重々承知しています。精神科医や心理カウンセラーの前で話したら、入院を勧められたり、抗精神病薬が処方されたり、ストレスへの対処や休養をとるように忠告されてしまうかもしれません。そのように受け止められることも無理のないことだと思います。

しかし、私は一応国家資格をもつ心理療法家であり、心理学者なので、私自身が精神医学的な意味での心の病気ではなく、健康度が高いことには自信をもっています。私の体験をどのように受け止めるかは読者の皆さんにお任せしたいと思いますが、私は、自分が体験した真実を第一章で語らせていただきます。これらの体験を踏まえて、「あの世」を意識することによって、どのように生きる世界が変わるのか、そして心理療法にどのような影響を与えるのかについては、第五章で考察してみたいと思います。

(2) あの世の父に会う初夢

ある年の一月二日の早朝、私は鮮明な夢を見て目を覚ましました。その夢では、スキンヘッドになった父がニコニコして座っていました。父は元気そうな様子なのですが、ここは「あの世」だとはっきりと分かりました。色彩はなく、白黒の世界でした。この夢はあまりにもリアルだったので、目覚めたばかりの私は、父は死んだのだとすっかり思い込んでいました。実際には生きているのだということを理解するのにしばらく時間がかかりました。意識的にも、無意識的にも、父の死を願うような気持ちは私の中にはありませんでした。あるいは、父の存在が私の中で小さくなっていくということもありませんでした。ですので、この夢が私の心理的な願望や認識を投影しているという解釈は無理があると思われました。そのため、外的な現実を察知する共時的な夢である可能性が高いと考えました。

私は心配になって、実家の母に電話をしました。もしかすると実際に父に何か起きているかもしれないと思ったからです。電話で母に、正月早々縁起の悪い話で申し訳ないけれども、父が「あの世」にいるリアルな夢を見て心配になったと正直に伝えました。すると母は、父は今はいつもどおり元気でまったく問題ないので、心配ないと思うという返事でした。とりあえず、父は元気だと聞いて、一応は安心したのですが、心の中ではモヤモヤしたものが消えないままでした。

三月になって、私は再びまったく同じような夢を見ました。白黒の夢で、父がスキンヘッドで座っていて、やはり「あの世」にいることがはっきり分かったのです。この時も、その日のうちに私は母に電話をしたのですが、やはり父は変わりなく元気だという返事でした。このように父の健在を再び確認をしたのですが、二回のリアルな夢を通して、私の心のなかでは、父は亡くなるに違いないとすでに思い込んでいるところがありました。合理的には説明できないのですが、不思議なことに、すでに父の死を既定の事実として知ってしまったような気分になっていたのです。

（3）父の奇妙な行動と最後の会話

それからおよそ半年が過ぎた八月、暑い盛りの頃、私は久しぶりに実家に帰りました。そのときも父は特に身体の不調もなく、普通に過ごしている様子でした。しかし、おやっと思う行動を目にしました。天袋にしまってあった家族のアルバム類の一式を父は取り出してきて、ひとつひとつの写真を舐めるように眺めていたのです。私の小さいときの写真なども見て、こんなこともあったなぁとなつかしそうに話すのです。

さらに翌日、父は私に「おまえは人間が死んだらどうなると思う?」と聞いてきたので、ぎょっとしました。父はこのような真面目で本質的な話をする人ではなかったため、意外な問いかけに驚いたのです。私は父に「人間は死んでも終わりではなく、生まれ変わるのではないかと思うよ」と正直に答えました。すると父は、「お前はいい年してまだそんな子どもみたいな考えをしているんだな。人間は死んだらすべて終わるんだ」と言ってきました。私は、死後の生命を暗示するような臨死体験の学術的研究や、生まれ変わりに関する客観性の高い実証的な研究があるなど、さまざまな学説を示して死後も命は存続する可能性があるといって反論しました。

しかし、父はまったく聞く耳がなく、それどころか、死んだら人間は終わりだということをなんとか私に分からせようとして、しつこく説き伏せてきました。私は少し苛立って、「死んだらどうなるかは議論では決まることではないでしょう。自分が死んだら答えが分かるから安心したら」と半ば投げやりに言い捨てて、寝室に去ったのです。私の記憶では、この会話が、生きている父との最後の会話になりました。

(4) 末期がんと緊急手術

その数週間後、まだ暑い時期でしたが、母から電話がかかってきました。食事中に父が突然嘔吐して倒れてしまい、救急車で病院に運ばれたというのです。病院で医師の説明をきくと、ステージ四の咽頭癌で、すぐに手術が必要だということです。すみやかに手術が行われ、喉の癌は除去されましたが、それによって声帯が損なわれ、父はもう二度と声を出すことができなくなってしまいました。健康だと言われていた父があっという間にこのような状態になってしまったことに、やはりショックを受けました。しかし同時に、正月と三月の二度にわたって見た死の夢の記憶が蘇ってきて、やはり来たかという思いも湧いていました。医師の話では、手術はうまくいったので、これから治療を続けていけば回復の見込みがあるとのことでした。声は出せなくなりましたが、身振りでの意思表示はできていましたし、治療がうまくいってこのまま回復することへの希望を持ちました。しかし一方では、夢のことがあったので、心のどこかで最悪のケースも覚悟しているところがありました。

(5) 父の死

すっかり秋が深まった頃、私は再び鮮明な父の夢を見ました。腰を押さえて、足をバタバタさせて、とても痛がっている夢です。私は目を覚まして、嫌な夢だなと思いました。その夢から一ヶ月くらい経った頃、病院から父の癌の転移が知らされました。喉の癌は除去できたけれども、腰と脳に転移したのです。もはや回復するのは非常に困難な状況だと説明を受けました。絶望的な見通しを聞いてやはり重苦しい気持ちになりましたが、一方で、一連の夢があったので、やはりそうなったかと思うところもありました。

ひとつ救いだったのは、一月と三月に見た夢の中で、あの世にいる父は元気そうで微笑んでいたことです。それが妙に印象に残っていたので、今は辛そうだけれども、死んでしまったら楽になるに違いないと思いました。

その後、父は闘病生活を続けましたが、薬の副作用に悩まされ、少しずつ衰弱し、翌年三月、ついにその時が来ました。私は勤めている大学の卒業式の日で、華やかな卒業パーティに参加しているときに携帯電話が鳴りました。電話に出ると、母が「お父さんが危ない。すぐに病院に来て」ということでした。パーティを途中退席し、黒のスーツを着たまま病院に直行しました。病室に入ると、父は身体全体でゼーゼーと大きな音を立てて呼吸をしていました。時折痰が絡まって呼吸ができなくなり、激しいうめき声を上げると、看護師が駆けつけて吸引し、また大きな音で苦しそうに呼吸するということを繰り返していました。見ているだけで辛くなるような状態で、早く亡くなったほうが楽になると思いました。その日は家族で病院に泊まり、交代で父の横にいました。ほとんど寝られないまま病院で朝を迎えました。家族で軽い朝食を食べていたところ、看護師さんが小走りでやって来て、「石川さん、すぐに来て下さい」と言われ、急いで病室に行きました。

病室に入ると、一晩中苦しそうだった姿とは打って変わり、父は穏やかな様子で横たわっていました。部屋全体がとても静かで、不思議な雰囲気でした。家族がベッドの周りから父をのぞき込んでいると、突然うっすらと目を開けました。そして私たちをぐるっと見回して確認したようでした。そしてゆっくりと目を閉じ、静かに亡くなりました。あんなに大変な様子だったのに、こんなに静かに亡くなれることに驚きと安堵がありました。スピリチュアルケアの先駆者であるエリザベス・キューブラー・ロス（1969）の「最期の時には例外なく独特の静けさが訪れる」という言葉は本当なんだと頭に浮かびました。そして、父が七転八倒して死なくてよかった、病気の苦しみが終わってよかった、お疲れ様でしたという気持ちでした。

（6）死の直後に二人の夢に現れて同じ台詞を言う

父が亡くなった数日後の真夜中、私は次のような鮮明な夢を見ました。白黒で全体的に薄暗い世界に父がいます。身体に力がなく、立ち上がることも、姿勢を真っ直ぐに保つこともできずに、地面に横たわっていました。まったく覇気の感じられない様子でしたが、父の声がはっきりと聞こえました。途切れ途切れで力の無い声ですが、「俺は死んでいない」と言っていました。

私は目を覚まして、少し苛立ちながら、声に出してはっきりと言いました。「もう死んでいるんだよ！」と。昨年の夏に父が言っていたことが思い出されました。人間は死んだらすべて終わりなのだと、私を説得しようとしていたことです。このような信念を持っていたため、自分が死んでも、そのことが分かっていないのだろうと思いました。

夢の解釈としては、私の心の中に、父と論争になり、「死んだら分かるから安心しろ」と言い放ったことが引っかかっていたために、その論争の続きをこのような夢で見たと考えるのが心理学的には妥当でしょう。つまり私の内面が反映された夢であるという解釈です。しかし、私には死んだ父があの世から実際に語りかけてきたとしか思えなかったのです。つまり、外的な、客観的な対話が夢を通して行われたと感じたのです。どちらの解釈が正しいかは、すぐに答えが出ました。

翌日は父の葬式でした。葬儀会場の寺院で、葬式が始まる前に親族の待合室でお茶を飲んでいると、当時小学校低学年だった甥が、「爺《じじ》が夢に出てきた」と言います。「どんな夢だった」ときくと、なんと、「俺は死んでいないって言ってた」と話すのです。私は驚いて、思わず笑ってしまいました。「ああそうなの。実は僕の夢にも出てきて、まったく同じことを言っていたんだよ。爺は自分が死んだことが分かっていないみたいだから、また出てきたらもう死んでいるって教えてあげてね」と伝えました。

私が父と死後について論争したことが心に引っかかっており、この夢となって現れたのであれば、無関係の甥っ子が、まったく同じ台詞を言う父の夢を見るはずはありません。つまり、この夢は内面の心理が反映された夢ではなく、実際に父が私と甥のもとに現れ、死んだ後の考えを伝えてきた夢としか考えられないのです。死んだ後も父とコミュニケーションがとれたことに、しかも私と甥が別々にではあるけれども父の同じ台詞を聞いたことに、私はなぜか少し愉快な気持ちにさえなりました。癌の手術をしてから亡くなるまでの半年あまりは、声帯を使えなくなってしまったために声を聞くことはできなかったのですが、死んだ後には声を聞くことができたのです。

(7) 死を語ることを拒絶される

その後、およそ五年間にわたり、ときどき父が夢に現れました。いずれも薄暗く、覇気が無いので、父はあまり良いところにいないことが分かりました。仏教的に言うと、餓鬼界に転生したのではないかと推測できます。

ある時、私は大学で死を題材とした授業を行う機会があったので、父の死の体験を語ろうとしました。ところが、父の死について語りはじめた途端、パソコンとプロジェクターの電源が突然切れてしまい、吊り下げ式の電動スクリーンもガーッと音を立てて勝手に格納されてしまいました。なぜこのようなことが起きたのか原因は不明ですが、授業で話されることを父が拒絶しているのかと思いました。私は「学生が死について考えるための教材になることを認めてください。若いときに死について学んでおけば、死ぬときや死んだ後に迷うことがなくなるでしょうから、このエピソードはきっと役立つと思うよ」と父に心を込めて説明し、お願いしました。その語りかけが通じたのかどうか分かりませんが、それ以後は、授業で父の死を巡る出来事を語っても、電子機器に異常が現れることはなくなりました。

（8）修行中に師匠に父がいることを指摘されて回向する

数年後、私に熊野の山中で修験道の修行をしていました。お堂で大きな声でお経を唱え、勤行が終わると、師匠が私の所にきてこう言ったのです。「石川さん、変なことを言うんだけどな、お父さんが来ているんだよ。息子がここで何をやっているのか関心をもって見に来ているみたいだな」と。私はそんなことが分かるなんてすごいなと思いつつも、当時もときどき父が夢に出てくることがあったので、そういうこともあるだろうと思いました。「ああ、そうなんですか。死んだ父が今でも時々夢に出てくるので、こちらにも来ているのでしょうね。修行に関心を持ってくれているならそれはよいことですね」と応じました。その後、修行や善行為を行った後、父に回向することを心がけるようにしました。修行や布施などの善行為によって得た功徳を、追善供養するということです。それをすると、私もとてもすっきりした良い気分になりました。そのせいかどうかは分かりませんが、ある時からぱったりと父は夢に現れなくなりました。回向を受け取り、暗くて苦しい餓鬼界から脱出し、よりよい場所で過ごしているのであればよいなと思っています。

(9) 父の死を通して学んだ三つのこと

このように、父の死を体験するときに、夢が私にとってとても大きな役割を果たしてくれました。それは、記憶から生じている夢ではなく、私の想いから生じている夢でもなく、父の死を予告し、術後の経過を予示してくれる夢でした。さらに、死後も父と実際に交流する夢だったと思われます。はじめの夢は病気が判明するよりもずっと前に死を教えてくれたこと、甥とまったく同じ夢を見たこと、修験道の師匠が父がいることを告げたことなどから、私の個人的な思い込みではなく、時空間を超えた客観的な現実を察知する夢だったと思われます。

この一連の経験を通して、三つのことを私は学んだように思います。

第一は、あの世は確かに存在するということです。もともとそう思っていましたが、死んだ後もたびたび夢を通して父とリアルに関わったこと、そしてその一部は甥や行者と共有されたことから、死後の生命の存続がますます確かに感じられるようになりました。

第二は、時空間を超えた客観的な認識がありえるということです。私がはじめて父の死を知ったのは、死の一年以上前の初夢です。離れた場所に住んでいますので、父の普段の様子は知りませんでしたし、病気の兆候があると母も言っていなかったので、現実の兆候から推測したのではなく、時空間を超えた予知であったことは明白です。私はその予知夢をすぐに記録し、その日のうちに母に伝えていますし、その月のうちに信頼している同僚にも話していましたので、記憶が違っているということはありません。

第三は、知的存在が予知に介在していると思われることです。父の死をはじめて明確に伝える夢は、一月二日未明の初夢だったことは、偶然には思えないのです。重要な夢なので、しっかりと受け止めるようにという、なんらかの知的存在による配慮が働いていたのではないかと推測されるのです。その知的存在はいわゆる主護霊なのか、守護霊なのか、補助霊なのか、守護神なのか、天使なのか、ご先祖様なのか、私には分かりません。しかし、この夢はあまりにも鮮明で印象的でしたし、二ヶ月後に同じ夢を再び見たことから、私の心は父の死がすでに事実であるかのように印象づけられたのです。この一連の夢のお陰で、私は心の準備をして、父の死を受け止め、死後の父と関わることができたように思います。ですので、単なる予知ではなく、メッセージと意図的な配慮が含まれているように思われるのです。私は青年の頃から夢日記をつけていますが、これを機にますます夢を信頼し、大切にメッセージを受け止めるようになりました。

以上の体験から、私にはますますあの世が身近になりました。時空間を超えた認識、メッセージを伝えてくれる知的存在、死者とのコミュニケーションの体験から、いつでもこの世とあの世はつながっていることを知り、それは単なる興味本位の現象ではなく、よりよい生き方をするために役立つことを実感するのです。

(10) アマゾンのシャーマニズム体験

次に、シャーマニズムの儀式に参加したときに、さまざまな「あの世」を目撃し、「あの世」の住人たちと密に関わった体験をお話しさせていただきます。こちらは、父の死の体験よりも、さらに突拍子もないお話で、信じられないのも無理のないことですので、信じられる方だけ聞いていただければと思います。私は私の体験を正直にあるがままに語らせていただきます。

私は縁あってシャーマンと知り合い、ブラジルの奥アマゾンのジャングルに行き、シャーマニズムの儀式に繰り返し参加する機会を得ました。そこでは文字通り、異次元といえる世界を何度も体験したのですが、その多くは言葉で表現できる範疇を超えています。一般的な人生では体験し得ないようなことが何度も起きたからです。そのため、シャーマニズム体験を他者に正確に伝達するのはきわめて困難です。無理矢理に語ったとしても、一般常識や、心理学や精神医学の知識に基づいて判断されれば、それは幻覚体験もしくは虚構として片付けられ、奇異の目にさらされることは容易に想像できます。

しかし、シャーマニズムの体験によって、他では得難い肯定的で不可逆な変化が私の心に起きたことは紛れもない事実です。アマゾンから帰って一〇年以上を経た現在でも、この体験は私の心の成長、意識の拡大に役立ち、覚りへの道程の貴重な一ピースとなったように思われるのです。そして、このような有益な心理的効果、スピリチュアルな効果は、決して私だけのものではなく、シャーマニズム体験をした人たちの多くは、そこからさまざまな恩恵を受け取っています。そのため、体験を言語によって伝達するのは困難であることは承知の上で、なんとか言葉にすることによって人によっては何かを受け取れる可能性があるため、今回は、「あの世」を垣間見たシャーマニズム体験のひとつを紹介させていただきたいと思います。

(11) 憑依

シャーマンの儀式は、いつもジャングルのなかで行われました。森に棲む多様な生命と、そこに住まう精霊たちや神々とつながることがシャーマニズムには欠かせないので、自然の中で行われるのです。今回紹介する体験も、ジャングルの密林のなかにある広場で、一〇名弱の小規模なグループで行われたときのものです。森の中で各自好きな場所でお祈りをすることからはじまり、全員集合してからはシャーマンがリードして、ジャングルで作られた聖なるお茶をいただき、輪になってイナリオと呼ばれる神をたたえる歌を歌い、ときには簡単なステップを踏んで踊ります。これを繰り返しているうちに、次第に集団全体が変性意識状態に入り、自然とそれぞれの心の旅がはじまっていきます。

その儀式では、私も意識が拡大し、シャーマニックなプロセスがはじまりました。黒い霊鳥がバッサバッサと羽の音を立てて飛び回っているのを見ました。全長は優に一メートル以上あるとおもわれる大きな鳥ですが、これまでの儀式でも何度か姿を見ていたので、ある程度馴染みがあり、また現れたなと思って見ていました。しかしこの時は、これまでとは異なり、霊鳥が非常に近くにまで接近してきて、何度も周囲を旋回した後に、予期せぬことが起こったのです。なんと、突然、距離が○メートルを超えて私の身体の中にまで侵入してきたのです。気がつくと、鳥が私の身体の中にいました。とても不思議なことですが、自分の胸の辺りにしっかりとした羽毛が豊かにあることを感じました。さらには大きくてつやのある、立派なくちばしがあることをありありと感じました。そして、身体だけではなく、鳥の精神が私の中にあることも感じられました。この鳥は、誇り高く、高貴な精神の持ち主であることが分かりました。心身共に、霊鳥と合体してしまったのです。私は、「これが憑依というものか」と驚きつつも、冷静に憑依現象を観察していました。

(12) 自動運動と脱魂

その後、私の身体は勝手に大きく動かされました。脚が大きく開いたり閉じたり、首が大きく回されたり、こんなに身体が動くのかと感心するくらい、大きな可動域まで私の身体が勝手に動かされるのです。身体の主導権が、私以外の者に奪われたのですが、もしも私がこの動きを止めようとすれば、止められたかもしれません。しかし、この動きに抵抗したいとも思わず、動かされるままに委ねようと思いました。すると、これ以上腕のよい整体師はいないのではないかと思うくらい、全身を上手にストレッチする運動が続きました。私は今まで経験したことのない大きな自動的な身体運動を、驚きと共に感心して眺めていました。十分に身体がほぐされた後、さらに予想外のことが起きました。

首が後ろに倒されて、口がこれでもかというくらい大きく開けられたのです。私は直観的に、身体から脱出する準備だということが分かりました。しかし、ここで恐怖心が生じました。もしもここで身体から脱出してしまったら、あの世に旅立って、二度とこの世に帰ってこられないのではないだろうか、ここで人生が終わってしまうのではないだろうかと思ったのです。私の身体に同居しているこの鳥が、悪い存在だとは思わなかったのですが、よく知っているわけでもないし、どこに連れて行かれるかもまったく分からなかったので、当然のことながら、不安になったのです。

"The Ayahuasca Visions of Pablo Amaringo" Inner Traditions, 2011

その時、私の隣でイナリオを歌っているシャーマンの声に気づきました。このシャーマンは、私が信頼しているフェルナンドという方なのですが、彼の温かい声が聞こえたとき、彼がいるのだから大丈夫かな、このプロセスに身を委ねてみようかなと思いました。そう思った瞬間、あっという間に私の意識は、私の身体から脱出してしまったのです。

脱出した意識は、やはり鳥と共にありました。脱出すると、地下から天まで垂直に伸びる巨大な豆の木のような蔓が見えました。この巨木に沿って、ぐんぐんと上昇していきました。そのときに、そこかしこに、さまざまな生命の集団が見えます。下方には暗く霞んだ重苦しい世界、真ん中辺りにはなにかに群がっている人々の世界、陽気に輪になって踊っている人たちの世界、上方には明るい精霊たちの世界など、いろいろな世界が点在し、上下に果てしなく続いていました。

(13) 天界

鳥の力でさらにぐんぐんと上昇を続け、今まで見たことのない世界に到着しました。私は大きな宮殿にいたのです。宮殿の建物全体がまばゆく光り輝き、すべてが明るくきらめいていました。私は目を見開いて、なんて美しい場所なんだろうと感激しました。このような素晴らしい場所に連れてきてくれた霊鳥に感謝しました。しばらく宮殿の美しさに浸っていたのですが、ハッと気がつくと、儀式の会場に一人で座っていました。

周囲を見渡すと、儀式の参加メンバーは後片付けをしていました。私は短い旅を楽しんでいたような気がしていたのですが、二時間の儀式がすでに終了していたのです。まるで浦島太郎のようでポカンとしていましたが、しばらく高揚した気持ちが継続し、夢見心地でいました。

その夜、シャーマンのフェルナンドに私の体験を話しました。するとフェルナンドは満面の笑みを浮かべて、「ユウイチ、やったな。その宮殿は我々シャーマンが訪れる伝説の場所なんだ。なかなか行けないところだぞ。もうそこまで行けたんだな」とサムアップしながら祝福してくれました。そしてプシューッと言いながら手を上に上げて見せながら、「あなたはものすごく上昇した。今夜はゆっくり寝てグラウンディング（着地）すると良い」と言ってくれました。
ブラジルは日本から見ると地球のほぼ裏側に位置します。およそ地球半周の長旅で、電気もガスも水道もない、舗装された道路もない、電波も届かない奥深いジャングルで過ごすことだけでも十分刺激的でした。しかし、そのような物理的な旅とは比べものにならないくらい、この異次元の天界を訪れることができたことは、素晴らしい旅となったのです。

(14) おとぎ話

この話を聞いても、多くの方にはおとぎ話にしか聞こえないと思います。頭がおかしいと思った方もいるでしょう。それは無理もないことです。私自身も信じられないことなのですが、夢や幻覚などではなく、あの世を実際に体験したのだと私は確信しています。精神病的な幻覚とは異なり、この体験はきわめて鮮明でしたし、事後に精神状態が悪化することもありませんでした。それどころか、この体験によって心は喜びと平和に満たされ、浄化されたのです。そして、世界はこのようになっているのだなと思ったのです。

このような世界を垣間見ると、シャーマン体験をする人が古代から普遍的に存在していたからこそ、おとぎ話や昔話、伝説が生まれたのではないかと思えてきます。ユングは無意識に元型という鋳型があるからこそ、世界各地に似たモチーフの物語が伝承されていると考えましたが、それと同じように、根底に普遍的なシャーマン体験があるからこそ、さまざまな伝説やおとぎ話が力を持ち続けて継承されているのではないでしょうか。

(15) 修行の糸

今回は憑依と脱魂によって天界のひとつと思われる場所を訪れたシャーマン体験を紹介させていただきましたが、これ以外にもアマゾンではさまざまな体験をしました。地獄と思われるほど苦しく暗い世界に落とされ、そこに永遠とも思われるほど長い時間閉じこめられ(実際は二時間弱だったのですが)、自分の過去の悪い行為をまざまざと見せ付けられたこともありました。その時は、心の底につっかえていた苦しい感情が次々と浮上して、嘔吐するように排出されることもありました。自分の過去の行いや浄化されていない無意識領域の感情が一気に去来して、私は心の底から何度も何度も声に出して懺悔しました。これもシャーマンになる者は必ず経験する道だと後にシャーマンから教わりました。私はさまざまな心理療法やセラピーを学び、体験し、数多く実践してきましたが、アマゾンのシャーマニズムほど強力な心の浄化をもたらす技法はひとつも知りません。

あるいは、儀式の後に、瞑想をしているときに光で蠢く巨大な山のビジョンを見て、世の無常をありありと知ることもありました。また、瞑想中に、生きる苦しみは避けられないことを覚る瞬間がありました。そのような小さな覚りに浸っているときに、たくさんの精霊たちが突然現れてきて大爆笑されるという、まったく予想だにできない展開もありました。

私はシャーマニズム体験をした二年後に、ミャンマーの上座部仏教の僧院で約三ヶ月間の短期出家修行を行いました。さらにその六年後には、タイの上座部仏教の修行寺で短期出家修行をしました。アマゾンでのシャーマン体験は、今にして思うと、初期仏教の出家修行の予習というか、予告編になっていたように思えるのです。

奥アマゾンのジャングルでシャーマン体験をする前には、私は熊野で修験道の修行を行っていました。日の出と共に、険しい獣道を礼拝しながら毎日一〇キロ歩く回峰行を中心に、滝行、法螺貝、勤行、断食行などを修習していました。その修行があったために、奥アマゾンの原始的生活の村で、意味深いシャーマン体験ができたのではないかと思います。さらにいうと、臨床心理学やトランスパーソナル心理学の学術的研究をすることによって、学問だけでは真理に到達するのは不可能だと理解することができ、修験道の修行に足を踏み入れたのです。その意味では、学問も修行を始めるためのひとつのステップとして大きな役割を果たしているように思います。

このように、意味ある修行は、過去からの積み重ねと、適時のご縁によって実現します。シャーマン体験はセットとセッティングが二大要素といわれます。つまり、純粋な動機をもち、心と身体の準備が熟すること（セット）と、山、森、指導者、仲間、方法論、神々や精霊、動物や植物などの適切な環境（セッティング）がすべて揃ったとき、本物の修行が実現するのです。このような修行の過程で、少しずつあの世の様相がいろいろと分かってくるのではないかと思います。

尚、シャーマニズム体験についてより詳しく知りたい方は、学術論文や一般向けの書籍でより詳しく記述し、さまざまな角度から分析を行っていますので、ご関心のある方はそちらをご参照いただければと思います（石川、2016a、2016b、2023）。

(16) あの世と共に生き、あの世と共に臨床に臨む

以上、父の死を巡る体験と、シャーマン体験について紹介させていただきました。このような体験がひとつの要因となって、冒頭で述べたように、この世に生きつつもつねにあの世を意識しながら私は生きています。当然の帰結として、心理臨床でもそのような視点があり、それが臨床に生かされることもあります。それについては後ほど（第五章）触れたいと思います。

第二章　「たましい」についてのユング派的考察

鈴木康広

一　はじめに

ユングは一九六一年六月六日に亡くなったが、死後刊行の「ユング自伝」（1961/1972・1973）から、ユング自身の臨死体験、超心理学的体験、共時的かつ予知的な夢やヴィジョンの体験をもとに、「死後の生命」を考察していたことがわかる。

ユングによれば、死者は存命中に自身が果たせなかった課題を生者に託しており、われわれ生者はその課題を果たすよう死者に見守られている。一九一六年に書かれた「死者への七つの語らい」も、探し求めたものを見出せず、エルサレムから帰ってきた死者たちに見守られながら、教え説いたものである。

ユングは、〝私の著作は基本的には、「此世（この世）」と「来世（あの世）」との相互作用の問題に対する回答を与える試み——常に更新されてゆく試み——に他ならない〟（1973, 137）と断言している。

われわれは死者とどう向かい合っているのだろうか。肉親や友人、縁遠い人も含め、われわれは死者とどう対話しているのであろうか。死者にどう向かい合うのか、ユングなりに試みたのであろう。

「死者との対話」が「たましい」を考える、そして感じる鍵になると思われる（Suzuki 2023）。この世は目に見えない死者で満ち溢れている。目に見えないだけで、死者でこの世は溢れている。そのことを、ユングは「無であり充満（溢）である」プレロマ Pleroma[1] と表現した（赤の書 2009/2010、試練、註82）。また、それは換言すれば、バルド Bardo[1] であるとも述べている[2]（ヨブへの答え 1952/1988, 361）。

ユングは「死者への七つの語らい」で、〝私は無から説き起こそう。無は充満と等しい。無限の中では、充満は無と同じだ。無は空であり充満である。（中略）無限にして不滅なるものは、何らの特性ももたない。つまり、それはすべての特性をもっているからである。この無あるいは充満を、われわれは「プレロマ」と名づける〟（1973, 244）と説いている。

コロナ禍やウクライナ侵攻・ガザ紛争で、非業の死を遂げ、この世に未練を残したままの死者は数多くいるのではなかろうか。そうした多くの死者とわれわれ生者はどう向かい合ったらよいのだろうか。現今の状況、時代精神 Zeitgeist はそのことをわれわれに鋭く突きつけてくる。

非業の死を遂げ、悲劇的な人生を送り、思い通りの人生を送れなかった死者たちは、この世に未練を残して成仏できずにいる。成仏できない死者たちは〝門である人間（人間は門である）〟（1973, 256）に再生・受肉しようと試みる。〝無数の神々は受肉を待ちこがれている。無数の神々は人間であった。人間は神々の本質を分有している。人間は神々から来たり、神々へと去って行く〟（1973, 255）のである。

その時間を越え、空間を越える輪廻転生を説いたのがチベットの「死者の書」Bardo Thödol であり、中有（中陰）Bardo の間の死者への仏道の導きを意味する。この書がめざしているのは、埋葬の儀礼ではなくて、死者たちを教え導くことである。バルドの生、つまり死から次の生に生まれるまでの四十九日間つづく存在の状態において、さまざまの変転する現象を経験する死者の「たましい」を導くのが、この書の目的である（1935/1983, 66）。日本の伝統仏教では、死者のこの間の供養を儀礼化して喪の間のグリーフケアに相当するしきたりを形成してきた（生井 2012, 139）。中有（中陰）の習俗は現今の日本に息づいて残っている。

われわれ生者が、死者の生まれ変わりであるならば、死者の未遂の課題を遂げることが求められる。〝彼らが地上にいた間に見出せなかったことについて学びたい〟。〝自分に与えられた仕事を完成していないので、（中略）再び生まれてこなければならなかった〟。〝まだ片付けねばならないカルマが残されているときには、たましいは欲望へと逆戻りして、再びこの世に帰る。多分、そのようにしながら、何か完成すべきことが残されていることが解っている〟（1973, 162,164）所以である。

われわれ生者は死者の声に耳を傾けなければならない。死者の嘆きの声をきかなければならない。〝死者と関わりをもてない限り、人は生きることはできない。私たち（生者）の生は、まだ答えられていない彼ら死者たちの問いに対する答えを探すことにかかっている〟（シャムダサーニ 2013/2015, 3）所以である。

死者の嘆きの声をきくには、死者を悼む作業を通して、死者と対話する必要がある。生者の喪失感への手当てであると同時に、死者の嘆き（怒り、悲しみ、哀しみ、悔しさ、未練、未達成感、不全感）への手当て、望むべくは成仏を目指すもの、でもある。後者は、再受肉後の、世代間伝達で繰り返されるようなカルマ（業）的なもの、元型、集合的無意識への手当てでもあるだろう。

ユングによれば、われわれの「生」は「死者による問いかけ」に対する返答であり、この世は、死者とあの世、つまり無限のものとつながっている連続性が存在する。中有 Bardo はこの連続性の一端を示すものであろう。カルマはそうして受け継がれた集合的無意識であり、再生と輪廻は「死者への返答」のための手段となる。

能は死者であるシテが主人公で「死者による問いかけ」を芸術的に表現している。能は、死者（シテ）と生者（ワキ）の対話の舞台芸術である。死者（シテ）が主人公であるので、ワキと観客である生者は、死者の嘆きの声をきくことができる。日本人は中世（室町時代）より、こうした芸術・演劇を通して、死者と対話してきたといえよう。ある意味で、死者と生者のユング心理学における「分析セッション」を、大事にし、味わってきたのである。

以下、ユングの考える「死後の生命」、中有Bardoと能を手がかりに、この第二章では、「たましい」についてのユング派的考察を行っていきたい。さらには、現今の時代精神（コロナ禍、ウクライナ侵攻・ガザ紛争）もわれわれに突きつけられた「たましい」の問題であることを論じたい。これらを受けて、第六章では、死者の問いかけに生者が答える具体例として、守護霊としての肉親が顕れた自験例と他例を提示して、「たましい」が臨床に生かされることを論ずる。

二　ユングの考える「死後の生命」——ユング自伝2より

(1) ユングの臨死体験——幻像（ヴィジョン）

ユングは一九四四年に心筋梗塞を患い、足の骨折もして、臨死体験をしている。意識喪失のなかで譫妄状態になった。その際にみたさまざまの幻像（ヴィジョン）を生き生きと語っている。妻のエマが献身的な介護を行い、その際には愛人のトーニ・ヴォルフを病室に入らせなかったそうである。

ユングは臨死体験で「幽体離脱」をし、宇宙空間を浮遊して宇宙空間から地球を眺めている。インド洋の上空から、インド大陸やヒマラヤ、アラビア半島、地中海の方を眺めている。ユングはこの体験を以下のように述べている（1973, 124-125）。

〝私は宇宙の高みに登っていると思っていた。はるか下には、青い光の輝くなかに地球の浮かんでいるのがみえ、そこには紺碧の海と諸大陸とがみえていた。脚下はるかかなたにはセイロンがあり、はるか前方はインド半島であった。私の視野のなかに地球全体は入らなかったが、地球の球形はくっきりと浮かび、その輪郭はすばらしい青光に照らしだされて、銀色の光に輝いていた。地球の大部分は着色されており、ところどころ燻銀のような濃緑の斑点をつけていた。左方のはるかかなたには大きな曠野があった、――そこは赤黄色のアラビア砂漠で、銀色の大地が赤味がかった金色を帯びているかのようであった。そうして紅海が続き、さらにはるか後方に、ちょうど地図の左上方にあたるところに、地中海をほんの少し認めることができた。私の視線はおもにその方向に向いて、その他の地域はほとんどはっきりとみえなかった。雪に覆われたヒマラヤをみたが、そこは霧が深く、雲がかかっていた。左手の方はまったく見渡すことができなかった。自分は地球から遠去かっているのだということを、私は自覚していた。

どれほどの高度に達すると、このように展望できるのか、あとになってわかった。それは、驚いたことに、ほぼ一五〇〇キロメートルの高さである。この高度からみた地球の眺めは、私が今までにみた光景のなかで、もっとも美しいものであった〟。

幽体離脱はアストラル体が肉体から離れることとされている。

ユングが精妙体・微細身 subtle body あるいは類心的 psychoid（2000, 363-365）と呼んでいるのは、エーテル体(3)やアストラル体(4)のことではなかろうか(5)。

ユング自身が幽体離脱を体験して、アストラル体の存在と意義を実感したものと推察される。タイプ論でいえば、ユングは思考直観型であったが、この体験後にユングの「直観」にさらに磨きがかかったものと思われる。肉体を離れてエーテル体やアストラル体を自家薬籠中のものにする（肉体とアストラル体を自由に行き来する）ことで、通常では見えないものまで見えるようになったのであろう。また後述する夢のイメージのなかでも、無意識のメッセージとして、時空を越えて、様々のことやものにアクセスできるようになったと思われる。

加藤清[6]や神田橋條治[7]の「離見の見」、精神分析における「第三の目」と呼ばれるものも、セッションにおけるクライエントとセラピストを背後の上部から俯瞰して眺めるものであるが、セラピストから幽体離脱したアストラル体であるかもしれない。

われわれ凡人は、ユング、加藤清と神田橋條治のような名人芸・達人芸の真似はできないが、こうしたイメージを知っておくと、面接セッションでのセンスが上がるかもしれない。

ユングの幽体離脱の体験に戻ると、宇宙遊泳中に宇宙空間にただよう岩の礼拝堂をみつけ、中に入るか否か逡巡する。そこに地球から派遣された主治医が現れ、この世に引き返すよう告げられる。〝私が宇宙空間に浮遊している間は、私は無重力で、私を牽引するものはなく〟（1973, 129）至福の状態であったが、この世に戻るのは〝いままた、私はあの『小箱組織』に立ち戻ってゆかねばならないのか〟（同上、128）と感じさせ、〝いままた他の人たちと同様に、箱のなかに糸で吊らされようとし〟〝一つの牢獄のように思え、私がふたたびその秩序に組み込まれる〟（同上、129）ように感じられた。

後述するBardoでいえば、宇宙遊泳の至福・恍惚の状態はChikhai Bardo, Chönyid Bardoに対応し、この世に戻るのは、再生のSidpa Bardoに対応するかもしれない。

また、この世に戻るのに（恐ろしいことに）主治医が「身代わり」になったが、妻のエマの献身と愛情（エロス）が、地球・この世とを結びつける「命綱」であったと思われる。「命綱」がなければ、宇宙空間をただよいつづけ、あるいはブラックホールに呑み込まれたであろう。また、岩の礼拝堂（に入ること）があの世であったかもしれない。

以上のような臨死体験・幽体離脱を通して、ユングはあの世からこの世をみる視点、宇宙から地球をみる視点、アストラル体から肉体をみる視点、無意識から意識をみる視点を自家薬籠中のものにしていったと思われる。

(2) ユング自身の夢のイメージから――死後の生命

以下はユング自伝2（1973, 137-173）に基づく。

自伝の中でユングは自身の夢のイメージを報告している。夢は無意識からのメッセージであるが、時空間の制約を超えたものであり、時に共時的なもの、予知的なものも含んでいる。

亡くなったひとが夢に現れる（顕れる）ことがある。例えば、亡くなった父親が夢に現れた場合は、夢見手の父親に対する思い出や父親コンプレックスに関わる、あるいはそれらを補償する無意識のイメージであるかもしれない。ユングがここで提起するのは、今ここでの、亡き父親からのメッセージではないか、死者の生の声ではないか、ということである。

過去に父親が死亡した時点で、肉体はこの世に物理的に存在しないのであるが、今ここでは、こころのなかに心理的には存在しうるのである。父親は亡くなったが、こころの中では生きていると換言できよう。その意味で、「たましい」はこころの無意識と同意義であり、時間と空間を超越している。〝無意識は、その時―空の相対性の故に、意識よりは良い情報源をもっている〟(159)所以である。

ユングは次のように述べている。

〝合理主義と教条主義は現代の病である。つまり、それらはすべてのことについて答えをもっているかのように見せかける。しかし、多くのことが未だ見出されるだろうに、それを、われわれの現在の限定された見方によって、不可能なこととして除外してしまっているのだ。われわれの時空の概念は単に近似的な妥当性をもつだけで、従ってそこには大なり小なりの歪みの領域が存在する。これらすべての点を考慮して、私はこころの不思議な神話に注意深く耳を傾けることにした〟。(138)(強調、筆者)

〝超心理学は、死者が――幽霊として、あるいは媒体を通して――姿を現わし、彼らのみが知っていることを告げるという事実によって、死後の命に対する科学的に妥当な証明であるとしている。しかし、そのような証拠づけられた事例が確かに存在するとしても、その幽霊や声が死者と同一のものであるのか、心理的な投影ではないのかという疑問と、語られたことが真実に死者からもたら

されたものか、無意識の中に存在していた知識によるものかという疑問が残される〟。(139-140)(強調、筆者)

〝多くの人にとって、彼らの生命が現在の存在を超えて無限の連続性があるとすることは、大きい意味をもつことを忘れてはならない。そうすることによって、人々はより意味深く生き、よりよく感じ、より平穏である。(中略)私の仮説は、それを無意識からわれわれに送られてくるヒント——たとえば、夢——の助けをかりてなすことができるというのである〟。(140)(強調、筆者)

〝課せられた問題は、長年の間にわたる人類の遺産なのである。すなわち、ひとつの元型であり、われわれ個人の生活に、それを加えることによって全体性を与えようとする、豊かな秘密の生命なのである。(中略)無意識は、いろいろなことをわれわれに伝え、あるいは、比喩的なほのめかしによって、われわれを助けてくれる。それは、われわれの計り知れない論理によって、ものごとを伝える他の方法をもっている〟。(141-142)

以下、ユングは共時性の現象、予感、正夢の具体例を述べている。そのいくつかを要約しながら紹介していこう。

a.誰かが溺れかけるイメージ(142)

ユング(私)が、第二次大戦中にボーリンゲンから家に帰ろうとしていた。私は本をたずさえていたが、汽車が発車するや否や、私は誰かが溺れかけるイメージに圧倒されたため、本を読むことが出来なかった。……たいへん不気味な感じがして、「いったい何事が起こったのか、何か事故でもあったのか」と私はいぶかった。エルレンバッハで下車して、家に歩いて帰った。私の次女の子どもたちが庭にいた。子どもたちは何か驚いた様子で、突立っていた。「どうしたの、何かあったの」と私がたずねると、彼らは、一番年下の男の子のアドリアンが、船小屋の水におちたのだといった。そこはたいへん深く、アドリアンは全然泳げなかったので、溺れそうになった。しかし、彼の兄が救い上げたのだった。これは、私が車中で溺死者の記憶におそわれていたのと全く同時刻におきたのである。無意識が私にヒントをくれたのだ。

b.妻の従姉の死（142-143）

私は、妻のベッドが石の壁に囲まれた深い穴になっている夢をみた。それは墓で、何か古めかしい感じがした。私は、それは誰かが最後の息をひきとりつつあるかのような深いため息を聞いた。妻に似た姿が穴の中に坐っていて、上に浮かんできた。それは白いガウンで黒いシンボルが織り込んであるものを着ていた。私は目覚め、妻を起こして時刻を確かめた。午前三時であった。あまりにも奇妙な夢だったので、それが死を意味するのではないかと、私はすぐに思った。七時に、妻の従姉が午前三時に死んだという知らせがとどいた。

c.予知の夢（143）

私は園遊会に出席している夢をみた。そこで私は妹をみて驚いてしまった。というのは、その妹は数年前に亡くなっていたからである。死んだ友人の一人もそこにいた。他の人たちは未だ存命の人ばかりだった。そこで、妹が私のよく知っているある婦人と一緒にいるのをみた。夢の中でさえ私は結論を下していて、その婦人は死ぬのだと思った。「彼女は刻印を押されている」と思った。彼女がバーゼルに住んでいることも解っているのに、目が覚めるや否や、彼女が誰であったか、思い出せなかった。二週間ほどして、私の友人が事故死したとの知らせを受け取った。すぐに、私はそれが私の夢に出てきながら、誰か解らなかった女性であることに気づいた。

d.死者の遺産（154-155）

ある夜、私は目覚めたままで横になって、その前日葬式が行われたばかりの友人の急激な死について考えていた。私はそれに深く心を奪われていた。すると突然、彼が部屋にいることを私は感じた。彼がベッドの横に立って、ついてくるようにと私に問いかけてくるように思われた。それは幽霊のような感じではなかった。むしろ、それは内的な彼の視覚像であり、一種の空想であると自分で納得した。しかし、私は真剣に自問した。「これは空想だという証拠があるだろうか。もしこれが空想でなくて、友人が本当にここにいるのだとしたら。そして、それは空想に過ぎないと私が断定しているのだとしたら――それは全く忌まわしいことだ。」しかし、彼が幽霊として私の前に立っているという証拠も同様にほとんどない。私は自分に言いきかせた。「証拠はどこにもない！　彼を空想だとして説明し去るよりは、疑わしい点は彼に有利に解釈して、ひとつの実験として、彼を現実のものとしてみることにしよう。」このように思ったとき、彼は戸口にゆき、従うようにと私に手まねをした。そこで彼と共演しなければならなくなってきた！　これは私としては当てにしていなかったことだ。私は心の中の議論をもう一度くりかえさなければならなかった。その後はじめて、私は想像の中で彼に従っていった。

彼は私を家の外に導き、庭や道を通って、とうとう彼の家まで行った（実際に、彼の家は私の家から数百メートルのところにある）。私は家に入り、彼は自分の書斎へと導いた。彼は踏台にのぼり、上から二番目の棚にあった赤い表紙の五冊の本の中から、二冊目の本を私に示した。ここで私の幻像は終わった。私は彼の書斎をみたことがなく、どんな本を彼がもっているかを知らなかった。もちろん、彼が上から二番目の棚に示した本のタイトルは、下側にいる私には、決して解るものではなかった。

この経験にあまりにも好奇心をさそわれたので、翌朝、私は彼の未亡人を訪ね、友人の書斎をみてもよいかとたずねた。果して、私が幻像で見た書棚の下では踏台があり、そこに近づくまでに、赤い表紙の五冊の本が眼に入った。私は、本のタイトルが読めるように踏台にのぼった。それはエミール・ゾラの小説の翻訳であった。第二巻のタイトルは、「死者の遺産」であった。その内容はあまり興味のあるものではなさそうであったが、そのタイトルのみが、この経験に関しては全く意義深いものであった。

e.母の死ぬ前にみた夢（156-157）

私は深いうす暗い森の中にいた。素晴らしく、大きい石が、巨大なジャングルのような木の間に横たわっていた。それは雄大で原初的な風景であった。突然、私は全世界に鳴り響くかと思われるような鋭い笛の音をきいた。私のひざはふるえ、おののいた。すると、灌木の下がざわめいて、一匹の巨大な狼猟犬がおそろしい口を開けて進んできた。それを見て、私は血がこごえるのを覚えた。その犬は私とすれちがって、突走っていった。そして、私は急に、あの恐ろしい猟人（ヴォータン）が人間の魂をとってくるように、猟犬に命令を下したのであることが解った。私は恐怖のうちに目覚めた。その翌朝、私は母の死の報せを受け取ったのである。

私の母の魂がキリスト教の道徳を越えたところにある自己のより偉大な領域に迎えられたことを、そして、葛藤や矛盾が解消された自然と精神との全体性の中に迎えられたことを物語っている。

f.父に関する夢（158-159）

母の死の数ヶ月前、一九二二年九月に、母の死を予感させる夢をみた、それは父に関する夢であった。私は、父が一八九六年に死んで以来、父の夢をみたことがなかった。このとき、父はまるで遠距離の旅から帰ってきたかのように、再び夢に現れた。父は若返ったようで、その容貌から父性的権威は消え失せていた。私は父を書斎に案内し、それまで父がどのようにすごしてきたかを聞けるという期待で喜んでいた。私はまた、妻や子どもを父に引きあわせ、家を見せ、今まであったことや、私がどのようになったかを話そうとする喜びで胸がいっぱいであった。私はまた、そのころ出版されたばかりの、心のタイプについての私の本のことを話したいと思った。しかし、私はすでに、父が何かに心をとらわれているので、今そのような話をするのは折が悪いことを見てとった。明らかに彼は何かを私に期待していた。そのことをはっきりと感じたので、私は自分の関心事について話すことをひかえた。

するると、父は、ともかく私が心理学者であるので、結婚の心理について相談したいといった。私は、結婚の複雑さについて長々と講義をしようとしたが、そのときに目が覚めたのであった。その夢が母の死につながるとは思いもよらなかったので、私はその夢を適切に理解することができなかった。一九二三年一月に母が突然死亡したときにはじめて私はその意味を知った。

私の両親の結婚は幸福なものではなかった。それは、試練と困難と、忍耐の確かめに満ちていた。二人とも、多くの夫婦に典型的な失敗を犯した。私の夢は母の死の予報であった。というのは、ここに父は二十六年間の不在の後に、やがて結婚関係を再び始める（「あの世」において、筆者付記）ために、心理学者に対して、結婚問題についての最新の知識を聞きたいと思ったのだ。明らかに、父はその無時間の状態において、よりよい理解を得なかったので、変わりゆく時の利益を受け、結婚についての新しい接近法を身につけているかもしれない生存者のうちの誰かに訴えねばならなかったのである。

これらの共時性の現象、予感、予知夢、正夢は、無意識のメッセージ（イメージ）は時空間の制約を超えていることを示している。ユングは、〝夢による知らせのこのような経験をすると、無意識の潜在力と能力を尊重することになる〟（143-144）と述べている。

〝多くの人にとって、死者の生命が現在の存在を越えて無限の連続性があるとすることは、大きい意味をもつ〟（140）と述べ、死後の生命の連続性についての神話や夢を尊重しようとする。また、ライン、J.B. の超心理学の実験を引き合いに出し[8]、心が時に時間―空間の因果律を超えて機能することの証明とする。〝世界の完全な像は、他の異なった次元を付け加えることを必要としている。そのときにおいてのみ、現象の全体に統一的な説明を与えることができる。（中略）「こことか、あちらとか」「以前とか、以降とか」の区別は重要ではない。われわれの心の存在の一部は、時間、空間の相対性によって特徴づけられている。この相対性は、意識からの距離が遠ざかるにつれて増加し、無時間、無空間の絶対性にまで到るように思われる〟。（144-145）

こうした連続性は、ユング心理学では、個人的無意識ではなく、集合的無意識でつながっていることと換言できるかもしれない。あるいは、個々の肉体ではなく、アストラル体でつながり得るということかもしれない。

アカシック・レコード[9]とはそうしてアクセスできる、集合的無意識の貯蔵庫、宇宙図書館（ユーミン)[10]であるかもしれない。

神智学のブラヴァツキー[11]の自動書記は、アストラル体などからアカシック・レコードにアクセスしているのかもしれない。

ユング心理学の active imagination は、〝覚醒中の清明な意識状態で行う観想的、瞑想的な活動〟(老松 2023, 123)であるが、技法として、自由連想法を越えて、自動書記に接近しようとするものであるかもしれない。

これらのことが、いわゆる直観、第六感 six sense とオーバーラップし包摂するもので、それらを磨き上げるのかもしれない。「引き寄せの法則(想念は現実化する)」は、想念をエーテル体やアストラル体で磨き上げることにより、集合的無意識を活性化させて共時性を引き起こし、現実化させるものかもしれない。

無心・無我の状態は、自我を滅し、肉体という鎧の防衛を解き放って、アストラル体と通底し融通無碍になりやすい事態ではなかろうか。アストラル体とのアクセスにより、inspiration、霊感、啓示が到来 Einfall しやすくなるのであろう。

生者と死者の連続性、この世とあの世の連続性、無限の連続性については、ユングの夢を踏まえ、次項で議論したい。

（3）あの世とカルマ・再生・輪廻転生

前項のf.父の夢では、父は死後二十六年の不在の後に、結婚の心理、結婚問題についての最新の知識を教えて欲しいと顕れた。父はその無時間の状態（死者の世界）において、よりよい理解を得なかったので、変わりゆく時の利益を受け、新しい知識を身につけているかもしれない生者のユングに訴えたのである。

すなわち、死者は死んだときの知識以上は死後の世界で得ることはできず、得たい知識は生者に教えてもらうか、自分自身が生まれ変わってこの世に再生し自分で得なければならないのである。

ユングは生徒であった六十歳の婦人の死亡する二ヶ月前に見た夢を紹介している。

〝彼女は（夢で）あの世に入った。何かの学級が開かれているようで、彼女の死んだ友人たちが前列に坐っていた。皆の期待感が高まっていた。彼女は、教師か講師がいるだろうと見回したが、誰もいなかった。そうするうちに、彼女自身が講師であることが判明してきた、というのは、死ぬとすぐに、人はその存命中のすべての経験について述べねばならないのだった。死者たちは、新しい死者がもたらす生活全体に非常な興味を示した。それはまるで、地上の生活に生じる行為や経験が、何か決定的なものであるかのようであった〟。（1973, 145）

また一九一一年の自転車旅行時の夢では、後にフィレモンと呼ぶ霊的な祖先が顕れ、その祖霊、死者の霊はユングに質問し、〝それによって彼らが地上にいた間に見出せなかったことについて学びたいとの希望と期待をもっていたかのようであった〟。（同上、148）

そして、一九一六年の「死者への七つの語らい」では、ユングの背後に立つエルサレムから帰ってきた死者たちに生者のユングが教えるのである。

〝死者の魂は彼らが死んだときに知っていたことのみを「知っており」、それ以上のことは知らないようである。このために、彼らは人間の知識を分けあたえられようとして、生者の世界にはいりこむ努力をしているのだ。私はしばしば、死者たちがわれわれの真後ろに立ち、われわれがどんな回答を彼らにあたえ、運命に対して答えようとしているかを聞こうと待ち構えているように感じる。彼らは自分の疑問に対する答えを生者すなわち、彼らより長生きし、この移り変わる世界に存在している人たちに依存しているように思われる。（中略）生者の心のなかに、つまり、肉体と結びつけられた魂の中にはいりこんでくることができるだけのように思われる。従って、生者の心は死者のそれよりも、少なくともひとつの点で優っている。すなわち、明確で決定的な認知を達成する能力の点である。（中略）死後も、彼らが生前に獲得できなかった認知の一部分でも達成しようとする要求が存在するのである〟。（同上、149-150）

ここに、〝昔に生きていて、答えることのできぬ問題にぶつかって、そこで、自分に与えられた仕事を完成していないので、再び生まれてこなければならなかった〟（同上、162）再生・輪廻転生というテーマが焦点化されてくる。

また、〝再生の観念はカルマ（業）の考えと分離することができない〟。（同上、161）再生・輪廻・カルマについてユングは以下のように述べている（同上、160-164）。

〝決定的な問題は、人間のカルマは個人的なものかどうかという点にある。もし、カルマが個人的なものであるならば、人が生をうけるとき前もって定まっている運命は、前世において達成したことを示しており、かくて、個人の連続性が存在することになる。しかし、そうではなくて、もし、誕生と同時に非個人的な（普遍的な）カルマが人をとらえるのであれば、カルマは、何らの個人的な連続性なしに再生することになる。（中略）

私が祖先の生命の結果として感じたり、あるいは、前世の個人的な生命のカルマとして感じていることは、ひとつの非個人的な元型であり、今日すべての人に重くのしかかり、ときに私をとらえているものと同じかもしれない。（中略）

私はまた、一人の個人の仕事によってひとつの疑問が世界にもちこまれ、その人はそれに対する何らかの答えを準備しなければならないということも考えてみる。たとえば、私の疑問の提出の仕方、そしてその答えも不満足かもしれない。もしそうなると、誰かが私のカルマをもった人――あるいは、私自身――が、より完全な答えを与えるために再生しなければならないだろう。世界がそのような答えを必要としない限り、私は二度と再生しないこともあるだろう。そのときは、これらのことに興味をもち、その更新された仕事にふさわしい取り組みができる人が再び必要とされるまで、私は数百年の平和な休の権利を与えられるだろう〟。

後述する Bardo の三段階では、再生するのが Sidpa Bardo であり、再生しないのがその前の二段階の Chikhai Bardo, Chönyid Bardo である。

ユングによれば、〝「あの世」のどこかに、世界を規定する必然性、ひとつの決定因（この世にやり残した課題があるか否か：その魂がその人間としての存在から、あの世にどの程度の完全さと不完全さをもちこんできたか）が存在し、どの魂が再び生まれ出るかを決定する〟（167）のである。これが〝永遠の存在である〟こと（Chikhai Bardo, Chönyid Bardo で解脱・成仏）と〝三次元の存在の状態として再生すること（Sidpa Bardo）の分かれ目である。前者はユングによれば、〝ある魂がある段階の理解を達成したときは、それ以上、三次元の世界をつづけることは無意味であることもあろう。その魂はもはや、この世に帰ってくる必要がないのである。そのときは、その魂は三次元の世界から消え失せ、仏教のいう涅槃に到達する〟（167）。そして後者については、〝しかし、まだ片付けねばならないカルマが残されているときは、魂は欲望へと逆戻りし、再びこの世に帰る。多分、そのようにしながらも、何か完成すべきことが残されていることが解っているのであろう〟（167）。

こうした再生を中心とした観念とイメージによって形成される、広くゆきわたったひとつの神話が「あの世」である。ユングは「あの世」を次のように結論づける（164-165）。

〝生命が「あの世」でも続くと仮定するならば、心的存在として以外には、存在様式を考えることができない。というのは、心の生命は空間も時間も必要としないからである。心的存在、とくにわれわれがここに問題としている内的なイメージは、あの世の生命について神話的なすべての思弁の素材を提供する。そして、私は「あの世」での生命を、イメージの世界での連続として考えている。かくて、心というものは、その中にあの世とか死者の世界が位置している存在であるかもしれな

い〟。（強調、筆者）

こうしてユングの考える「あの世」観が、説得力をもって迫ってくる。

ここでは、意識から無意識をみるのではなく、無意識から意識をみる、視点の逆転の大事さを教えてくれる。また、「あの世」から「この世」をみることでもあるだろう。

心理臨床における「あの世」の位置づけとは、こうした「あの世」から「この世」をみるといった視点の逆転を包摂するものであろう。また、「たましい」についてユング派的に考察してゆくことでもある。

われわれは外的現実と内的現実を生きている。視点の逆転は、「この世」と「あの世」の風通しを良くし、外的現実と内的現実の風通しを良くするであろう。内的現実をより豊かに生きることができ、われわれの人生（外的現実と内的現実を含めた）はより充実したものになるであろう。「あの世」は「この世」も豊かにするのである。

三　中有（中陰）Bardo

以下の三、四、五節は筆者の英語論文（Suzuki 2023, 巻末の引用文献参照）に基づいている。

上述のように、ユングによれば、われわれの「生」は「死者による問いかけ」に対する返答であり、この世には、死者とあの世、つまり無限のものとつながっている連続性が存在する。中有

Bardoはこの連続性の一端を示すものであろう。カルマはそうして受け継がれた集合的無意識であり、再生と輪廻は「死者への返答」のための手段となる。

日本において中有（中陰）という概念は、儀式化された葬儀の仏教行事として今日でも存在している。

仏教では、意識をもった生き物（有情）が生まれては死に、また生まれ変わる生死流転・輪廻の過程に四つのあり方（四有）があると説かれる。生有（誕生）、本有（人生の期間）、死有（死）、そして中有（次の誕生までの期間）である（生井 2012, 139）。

仏教の死後観では、生きものはこの世での臨終の後、次の世の母胎に宿り（結生識）新たな身体を形成し、輪廻の世界を流転するとされる。この臨終から次の生存が始まる母胎への結生の瞬間までの中間（antar）の生存形態（bhava）を中有（antarbhava）もしくは中陰という（同上）。

中有の期間は四十九日と考えられている。

この間は香りによって生存を維持し（食香）、自らの先の世の経験に基づく傾向性（習気）によって自らにふさわしい父母の媾合を見て、母胎に宿るとされる（同上）。

中有（中陰）は死後四十九日間、次の再生までの間、死者の魂がさまよう期間・状態・領域とされている。死者の魂は四十九日間、あの世に行かずにこの世をさまようのである。

葬儀で死体が火葬された後、燃え残った骨は、家族によって火葬場で骨壺の中へ納められる。骨壺はこの四十九日間、自宅の仏壇に置かれ、四十九日経ったら満中陰として、墓に納められる（納骨)。

家族、親戚、友人など故人に親しい人たちは、葬儀、初七日(七日目)、四十九日(四九日目)、百か日(一〇〇日目)、一周忌(一年目)、三回忌(二年目)、七回忌(六年目)、十三回忌(一二年目)、十七回忌(一六年目)、二十三回忌(二二年目)、三十三回忌(三二年目)の節目の機会・期間に、寄り集まって飲食しながら、故人を偲び思い出話をする。故人の喪の作業の法事が時間をかけて儀式化されている。喪の作業として、故人を失ったトラウマを消化し徹底操作するのに、これだけの手間暇(手間と時間)を必要とするのであろう。中井によると(2001/2004, 148)、「死者への悲しみと、死者の役割を代わってするという、二つの作業の疲れを慰めあって癒すために、人は集まるのだろう」。

また、この集まるタイミングのリズム(節目の機会の間隔)は、疲れない頃合をみはからった「生活再開のカレンダー」(中井、同上)と一致している。

また更には、こうした「祖霊化の過程」は「成長の過程」(誕生、お七夜(七日目)、お食初め(一〇〇日目)、三歳・七歳:七五三)のライフサイクルと、節目の機会・期間で一致する(2012, 139)。四有において、「中有」が死から誕生へのサイクルであることと、「本有」が誕生から死へのサイクルであることが、この一致とパラレルに対応していると思われる。

これらの作業(儀式と手間と時間)を通して、生者の死者に対する「執着」が色あせてゆく。そして同時に、死者の生者(この世)への「執着」が色あせてゆくのだろう。喪の作業と徹底操作は、それだけの手間と時間を必要とするのであろう。

チベットの「死者の書」(The Tibetan Book of the Dead)の原語 Bardo Thödol(bardo thos grol)は、中有の間の死者への仏道の導きを意味する。すなわち、「中有(中陰)」の領域を旅している死者たちに説明してやり、自己の死を自覚していない死者たちに対して、彼らが死の世界にいることを教えてやるのである(1983, 85)。仏道の導きには、中有の存在を解説するものと、死者への読経を通じて引導するもの、という二系統の流れが伝えられている(2012, 139)。

本論では「死者の書」を手がかりに、中有の存在の説明として、Bardo には死後順に、Chikhai Bardo, Chönyid Bardo, Sidpa Bardo の三つがあること。前者二つの Bardo で成仏できなかった場合に、四十九日目で最後の再生を求める Sidpa Bardo で、生まれ変わる・再生・受肉することをみていく。

生まれ変わり・再生は、前者二つの Bardo の段階・期間で成仏できず、しかし最後に Sidpa Bardo で再生・受肉によって輪廻転生したものである。

四十九日間のうちに死者はいずれかの Bardo で成仏できればよいのだが、必ずしも全ての死者が成仏する・引導できるとは言えまい。成仏できなかった死者たちは、時間・空間を越えて、次の再生・受肉の機会をうかがうのである。そういった死者たちで満ち溢れていることを、「一　はじめに」で上述した。

死者たちはこの世にやり残した未練・執着を抱いている。それ故、死者たちは成仏できずにいる。

それはいわば、ユング心理学的には、「無意識から洞察を得ていない」からである。仏教心理学的には、「無明[12]」の闇に呑み込まれて、輪廻から解脱する洞察（智慧・覚知）を得ていないからである。

四　能　Noh plays

能において、死者と生者が、象徴的にやりとりしている。

主役・主演（主人公）のシテは死者であり、この世に未練を残してさまよっている。助演のワキは生者であり、死者の嘆きの声（苦しくつらい人生の物語、恨み、遺恨、悲劇）に耳を傾けている。亡霊（シテ）が前世の栄華の有様を想起したり、過去の罪業を懺悔したり、地獄、修羅の苦しみを再現したりし、僧（ワキ）の読経の功徳で成仏する（村上 1974, 333）。

祭事における巫女の神がかり状態（神のお告げを知らせる）での舞や物語が民間芸能の起源の一つ（同上, 318-9）であり、能もそこに由来しよう。

祈祷、修行中にみられる神がかり・憑依状態は「祈祷性精神病」として知られている。そこでは、急性人格変換、夢幻様状態、同時的憑依状態などがある。これらは神聖なものとして畏怖の対象となり、当時の宗教的信仰、ことに生霊、死霊への信仰と結びついて、超自然的な現象であるとしても、病的な現象とは考えられていなかった（319-320）。

能と憑依状態の観点からシテの役どころの分類をすると、神の憑依をテーマとするもの、死者

（亡霊）が憑依するもの、死者（亡霊）としてのシテが憑依状態になるものなどがある（321, 323-4）。一方、ワキの役割には、「神おろし」の役、亡霊（シテ）を呼び出す役目などがある。例えば、ワキ僧の侍謡が後ジテ（シテ）の亡霊を呼び出す呪文であったりする（331）。あるいは、「葵の上」[13]のように亡霊を成仏させたりする。

亡霊（シテ）はワキの心に映じた幻想であるが、われわれ観客はそれを現実の存在として共感する。また「悩みがもっとも昂まった瞬間にこそ、救いへの道が開ける」という宗教的回心がテーマになっている（同上 334）。

能は、死者と生者の、ユング心理学における「分析的セッション」のようである。われわれ日本人は能を鑑賞することによって、死者を尊び、芸術的な仕方でユング心理学を体験しているといえよう。

死者を大切にすること、死者との対話の普遍性がここにみられる。大事なことだからこそ、芸能・芸術として中世から現今に至るまで、大切にされ、伝え続けられたのであろう。死者から学ぶのは、過去や失敗から学ぶことである。それは、われわれ生者の現在・未来につながる。われわれの生をエンパワー empower する。死者はケース・当事者であり、能の鑑賞はある意味で、「当事者研究」を体験することである。

五　現今の時代精神 Zeitgeist（コロナ禍とウクライナ侵攻・ガザ紛争の渦中にて）

われわれは百年に一度といわれるコロナ感染のパンデミック下にあった。この時代の閉塞感と不穏さに追い打ちをかけるように、ロシアによるウクライナ侵攻・イスラエルによるガザ紛争が行われている。

死に神・破壊・地獄・責め苦のイメージが全世界を覆っているかの様相である。

これらの外的なイメージ（コロナ禍とウクライナ侵攻・ガザ紛争による破壊・地獄・責め苦のイメージ）が、われわれを内的にも脅かしている。

閉塞感から抑鬱的になったり、ひきこもりがちになったり、外に向けられない攻撃性・衝動性を自分に向けて、自傷行為や自殺企図を行うものもいる。われわれは内的に、これらのイメージに、脅かされ圧倒され呑み込まれているといえよう。

コロナ禍とウクライナ侵攻・ガザ紛争は外的現実であるものの、死に神・破壊・地獄・責め苦のイメージは、われわれ自身が、内的に投影して創りあげる内的現実に由来するものである。外的現実と内的現実が重なり合うところで、これらのイメージが生じている。

厳しい過酷な外的現実に圧倒されて脅かされて、現実検討能力である自我の強さ ego-strength が一時的に弱まり、心的水準の低下 *abaissement du niveau mental* が生じていよう。

これは、意識的状態における志向や意図を破壊し、転倒させてしまう危険を意味している。それは、〝意識している自我の安定性を犠牲にすることであり、幻想的なイメージが無秩序に出現する極度に不確実な状態に身をまかせることである〟（ユング 1983, 80）。

それによって、精神病水準[14]の幻覚 hallucination のような、死に神・破壊・地獄・責め苦の内的イメージが、内的現実を占めるようになったのであろう。

これは神経症水準[14]ではなく精神病水準である。すなわち、コンプレックスといった（個人的）無意識の水準ではなく、集合的無意識の水準である。ユングが指摘するように、この集合的無意識がカルマ（業）と「元型」に関連しよう。死に神・破壊・地獄・責め苦は「元型」的なイメージである。

ユングが「チベットの死者の書」を逆から読む真意（真骨頂）は、以下の点にあると思われる。Sidpa Bardo の再生が、原光景に基づく神経症圏のテーマであるのに対し、Chönyid Bardo の忿怒尊（以下の図、参照）や寂静尊のイメージが、カルマに基づく、投影された「元型」としての集合的無意識[15]の幻覚といった、精神病圏のテーマであるからだ。

忿怒尊は、例えば、以下のような恐ろしいイメージである。

すべての恐怖の縮図として現れる、一切のものを破壊する死の神であり、血を飲んでいる神々である（ユング 1983, 81）。

〝死の神がなんじの首に縄を巻きつけ、なんじを引きずり倒す。彼はなんじの頭を切り落とし、な

忿怒尊のマンダラ　川崎信定（訳）『原典訳　チベットの死者の書』ちくま学芸文庫、口絵

んじの心臓を取り出し、なんじのはらわたをえぐり出し、なんじの脳味噌をなめつくし、なんじの血を飲み、なんじの肉を食い、そしてなんじの骨をしゃぶる。しかしながらなんじは死ぬことができない。たとえなんじの肉体が粉々に切り刻まれても、肉体はまた元にもどる。このような刻みのくりかえしは、はげしい痛みと苦しみとをひき起す〟（同上、79）。

われわれ人類は、歴史上繰り返し、ペスト、コレラ、天然痘、スペイン風邪などのパンデミック感染に襲われ脅かされてきた。そして、われわれは、ユングが古代の北欧やドイツの荒ぶる魂であるヴォータン[16]と呼ぶものに、脅かされてきた。

複雑な政治的な問題を、軽々しく単純化して一般化するべきではないが、ロシアのウクライナ侵攻・ガザ紛争もヴォータンの一種だと思われる。ウクライナ・ガザの戦禍・惨状は、まさに死に神・破壊・地獄・責め苦のイメージである。ヴォータンという文脈でいえば、コロナ禍で抑圧された内なる巨大なエネルギーが、外へ一挙に暴発・炸裂した観がある。この意味で、コロナ禍とウクライナ侵攻・ガザ紛争は、現今の時代精神において無関係ではない（通底している）と思われる。

それらのデーモンを創り出した心の条件は、かつてと少しも変わることなく生きつづけている。デーモンたちは実は本当に消滅したわけではなく、ただ形を変えたにすぎない。つまり今日では無意識の心的エネルギーとなったのである[17]（ユング 1996, 74）。

これらのイメージはすべて、われわれ自身の集合的無意識の影（シャドウ）の元型であり、われわれ自身によって内側から投影されたものである。つまり、すべて、われわれ自身から発しているのであり、われわれ自身の内側から生じてくるのである。すべての神や悪魔、すべての天国や地獄は内的なものである（リアリー他 1994, 63）。

われわれは内的にも外的にも、これらの圧倒的なイメージに呑み込まれてしまう危険性を突きつけられている。

われわれが、これらの影のイメージに冷静に落ち着いて向かい合うことができれば、必要以上に脅かされることなく、しなやかで健全な自我の強さ ego-strength を取り戻せるかもしれない。

ユングの指摘する〝チベットの死者の書は、誕生の時以来失われてしまった「たましいの神性」を回復しようとする通過儀礼の過程である〟（1983, 70）ように、われわれは、この困難な時代をくぐり抜けることで、「たましいの神性」を回復できる（取り戻せる）かもしれない。

「見つめること、理解すること、手放すこと」（後述）を通して、われわれは、現今の時代精神と折り合いをつける道が拓けるかもしれない。この過程はたぶん、苦しみと悩みにおちいった状態から本来的な自己を救い出すことである（ユング 1983, 134）。
以上のようなユング派的な考察は、これらの困難な課題に対して、なにがしかのヒントを与えるものであると筆者は信じている。

現今の時代精神により、この世に死者が溢れていることが、今われわれ生者に鋭く突きつけられている。生者は死者によって生かされているのであり、死者の嘆きをよくきき、死者と対話しなければならない。

ユングによる「チベットの死者の書の心理学」（1935/1983）は、平時であれば神経症圏の Sidpa Bardo の問題が、現今の脅かされる非常事態では精神病圏の Chönyid Bardo のイメージ、すなわち、心的水準の低下による忿怒尊のイメージを取り扱い、取り組むことを教えてくれている。ユングの臨死体験になぞらえれば（1973, 125-133）、前者 Sidpa Bardo の「地球に連れ戻された、牢獄のような、箱のなかに吊された、小箱組織の灰色の世界」ではなく、後者 Chönyid Bardo は「無重力で、牽引するものはない、宇宙空間に浮遊している」感動の強烈な、圧倒的な状態である。

後者の状態をくぐり抜けるには、地に足がついていない分、宇宙空間やブラックホールに呑み込まれないよう、しっかり命綱を固定する必要がある。

過酷な外的現実と内的現実の織りなす、圧倒的なイメージに呑み込まれずに、心的水準の低下にぶれない、しなやかで健全な・健康な自我の強さ ego-strength を取り戻さねばなるまい（くぐり抜けて自由になる、といった境地が求められる）。

本来の自己自身になること（個性化）のためには、必ず、この危険な状態を通過しなければならない。なぜなら、あの恐ろしいものも、やはり、全体としての自己の一部を成しているものだからである（ユング 1983, 80）。

それらのイメージに、逃げずに、冷静に、しっかりと向き合うこと、直面することである。「見つめること、[18]理解すること、[19]手放すこと」[20]（井上 2005）であり、[21]生者と死者の両者の「執着」が「色あせる」ことが、同時に求められる。自然に色あせてゆくまで見つめていることで、自然に手放すことになる（2005, 134）。まずは見つめ／理解することが、次への準備（理解し／手放す：新しいスペースを開く）になる。

死者の執着は、この世への未練であり、自然に色あせることによって、成仏するのであろう。死者と生者の対話は、たがいのこころを直視することから始めなければなるまい。たがいのこころを理解したならば、たがいの内なる執着を手放し、こころの平穏が得られるかもしれない。

時代精神は、ユングの表現を用いれば（1983, 163-164）、〝まったくの暗黒に入る道のように思われる領域へ接近すること〟かもしれないが、〝実は悟りの光をもたらすようになる〟かもしれない。〝闇を通って光に転回すること〟である。反対の一致には超越機能がある。この機能は、（先行の状態ではまだ意識されていなかった内容を新しく付け加えるので）意識水準を高め、そのため新しい状態はより多くの洞察をもたらすようになり、それが一層の光によって象徴的に表現されるのである。

したがってそれは、それ以前の状態の相対的な暗さとくらべれば、もっと明るくされた状態であるといえる。

時代精神がどんなものであれ、問題を外在化し投影する（他者を非難する）前に、われわれ自身が、一人一人、自身のこころ（内面）に向き合うことから始めなければならないだろう。

（註）

（1）前存在・潜在性としてのプレロマがバルドと同一視されている。以下の記述を参照：〝「時間」が相対的な概念であり、本来、「同時的」バルド、すなわち全ての歴史上の経過のプレロマ的存在という概念によって補われなければならないという考えに、（彼は）慣れなければならない。永遠の「経過」としてのプレロマの内に存在するのは、時間の中では非周期的な進行として現れる。すなわち、不規則なパターンで何度も繰り返されるのである〟（2009, 347/2010, 387-388：註82）。

（2）死者の再生・受肉が非周期的に繰り返される。再生・受肉はユング自伝1では、〝不滅の世界がこのつかの間の世界へ侵入したことである〟（1972, 19）と表現されている。

（3）エーテル体：肉体から数えて第二番目のボディー。厳密な霊的立場から言えば、気合い、意志力、勇気、体力などの最も根源的な源泉ということになる。ただし、エーテル体は、肉体、もしくはアストラル体のような肉体的相似形をしていない。それは、むしろエネルギー・コードの骨格といったものに近い。（ダンテス 1986, 14）

（4）アストラル体：通常、幽体と訳される。その人間の感情、欲望を司る身体であり、エーテル体よりも更に密度は希薄であり、もはや、物理的次元には属さない。肉体から数えて第三番目の身体であるが、物理的次元に属するものはエーテル体までである。（同上）

（5）他にメンタル体（肉体から数えて第四番目の身体）、コーザル体（第五番目の身体）がある。メンタル体は、透明で光り輝いている。そして、高次の感情と高次の精神活動を司っている。コーザル体は、肉体と世界を作っている原因（元因）体である。それは肉体のような身体の形式を持たず、霊眼で確認すると、球形の光と見える。そして、個別性を作り出す原型（元型）的な生命光である。（同上）

（6）樹林気功、道教の北斗七星の行。（加藤清＋上野圭一 1998, 116-121）

（7）その意識の一部、主として観察する自己が、一種の離魂現象を起こして空中に舞いあがり、面接室の天井近く、自分の斜め上方から見下ろしている、とイメージするのである。（神田橋 1984/1994, 72）

（8）J・B・ライン宛てのユングの手紙（一九三四年一一月二七日）を参照。

（9）ゲーリー・ボーネル（1999/2005, 2002, 2004）、辻麻里子（2003）参照。

（10）二〇一六年のCDのタイトル。

（11）ブラヴァツキー,H.P. ジルコフ（編）2010. 老松克博（訳）『ベールをとったイシス　第一巻　科学上』竜王文庫。

(12) 無明により快に執着し、不快を拒む。無明の正体が貪瞋痴（貪り、怒り、無自覚）であり、輪廻を引き起こす原動力である。（井上 2005, 85）

(13) ワキの代わりが、呪文を唱えると、六条御息所の生霊が現れ、「うわなり打ち」の所作を見せ、後ジテは般若の面をつけ、ワキの山伏に祈り伏せられて成仏する。（同上、331）

(14) カーンバーグの NPO, BPO, PPO の分類に準ずる。

(15) 神々と霊の世界は、つまり、私の内なる集合的無意識に「すぎない」のである。この命題を逆にいえば、「無意識とは、私が外に経験する神々と霊の世界である」という意味になる。（ユング 1983, 88）

(16) ユング, C.G. 1996. 松代洋一（訳）現代史に寄せて　ヴォータン『現在と未来　ユングの文明論』平凡社ライブラリー。二節(2)項の e. のヴォータンと同じである。

(17) 元型としてのヴォータンをユングは以下のように述べている：元型とは、あたかも水の涸れた川床のようなもので、どれほど長い年月を経ても、時至れば水はおのずから戻ってきて奔流をなすのである。一つの元型は、久しいあいだ生命の水が流れて底を深々とえぐった一本の古い川床にたとえられる。だから水が流れを変えないで居ることが長ければ長いほど、川床も深く、水は遅かれ早かれそこへ再び戻るのである。個人の生活は、人間社会とくに国家に制約された運河のようなものであるが、民族の生命は、治めるもののいない原野の河にたとえられる。いずれにせよ人間の支配は受けておらず、支配するものがあるとすれば、それは常に人間をはるかに凌駕するものである。

（ユング 1996, 34）

(18) 生者の生への執着は以下のようである（縁起）。渇愛がくり返され習慣化されて執着となり、執着がパターン化されてコンプレックス（有 bhava）となる。執着のパターン化による布置、コンプレックス（複合体）、元型・集合的無意識場面の観察からはじめる（井上 2022）。

(19) 無明（上述）によって業を作ってきた過去を振り返り、今この瞬間に、渇愛や執着から生存（有 bhava）を作り上げてしまうパターンを繰り返さないように、智慧によって渇愛や執着が自然に色あせるのを見守り、思いやりが生まれる新しいスペースを開くように努める（2005, 141）。

(20) 手放すこと：上述のごとく（註19）自然に色あせること。

(21) 換言すれば、ユングは次のように述べている（1983, 138）：しかし大事な問題は、欲望の対象から身を退けることよりも、むしろ、どんな対象に向かう場合であれ、欲望そのものに対して距離をとり、自由になることなのである。われわれは、コントロールされていない激しい欲望によって、無意識のもつ補償作用を無理に引き出すことなどできない。われわれは、辛抱強く待って、それが自然に起こってくるのを見守らなければならない。またわれわれは、それがわれわれに現れるままに、受けいれてゆかねばならないのである。つまりわれわれは、一種の観照的な態度をとるように要求されるのであるが、この態度はそれ自体で、しばしば解放と治療の効果をもっているのである。

第三章　他界の危機と回復

森岡正芳

河合（1987）は、「魂ということを入れ込んだ知の組み替え」ということを近代自然科学に対置する形でおこうとする。「近代における自然科学は、その知の体系から魂とか死後の生などというものを排除してしまった」と述べる。たとえば、冥界に行ってもどるという体験を記録した仏教説話がある。そのような説話を単なる空想のお話ではなく、「ある種の事実」を記述したものとしてみることを提案する。方法論的にも重要な提案である。広い意味での宗教的体験には、体験した本人にとっては意味深い事実なのだが、他者にはにわかに理解しがたい種類のものも含まれる。それを非科学的と頭ごなしに否定するのではなく、事実としてみる。その目を獲得すると、世界の見え方はにわかに変化するのだろう。

「ある種の事実」の記述であるとみる目とは、どういうものだろう。この問いは深い。私たちにも明確な答えはとうてい用意できない。河合は独自の物語論を展開する中で、それに応えようとした。その試みは心理臨床において、死後の生が問われるような、魂の次元が問題になるときにとりわけ説得力を持つ。ある種の事実を見る目を保つとき、独自の論理が働いているように思われる。可能ならばその論理に接近してみたい。それを通して、心理臨床における人との出会いの中で生じる事象の理解の手がかりを得たい。

一　亡くなった人に出会える場所

「いづことか音にのみ聞くみみらくの島がくれにし人を尋ねん」（『蜻蛉日記　上巻』康保元年条）

平安時代である。母を亡くした後、日記の著者藤原道綱母は、山寺で喪に服す。僧たちから念仏の合間に、「みみらく」という島の物語を聞く。それは亡くなった人があらわに見えるところである。しかし、近寄るとその姿は消え、遠くから見えない。ぜひその島のことを知りたい。痛切な思いを歌にして、僧に伝えるが、その島はどこかわからない。音にのみ聞くという話である。亡くなった人に出会える島。それは、現実の場所としてどこかに存在する島ではなく、異次元の島、幻の島である。

柳田（1961）によれば、そこに行けば死んだ人に会うことができるという伝説は、もっと古くからあった。それは根（ネ）の国、沖縄ではニライと呼ぶ海上の聖地である。日本列島の西の端、五島列島の西北端にみみらくに近い名前の岬がある。そこに同定するという考えが後に広まるが、後からの解釈であろう。柳田はn音とm音は古来近く、ニラがミラに変化し、後にミミラクとなったとする。ただし、ニラからミラそしてミネラクからミミラクへという語音変化には無理があるという疑義もある（原田1998）。

これをおとぎ話や単なる空想のお話ととらえるには、あまりにも強い情念である。みみらくの島がある種の実在感をもって迫る。亡くなった人にもう一度会いたい。愛する人を失うことの痛切な思い。生死に関わる出来事をどう理解するか。肉親や親しい人が亡くなったとき、受け止め難い出来事に遭遇した人は、なぜを問うても答えはない。それはわかっているが、内心答えを模索している。もう一度なぜ死んだのかを聞きたい。

このなぜに対しては、科学では答えは出まい。事実に対して心が関わり、どの様にそれを納得するかが課題だからである。納得のための手がかりは、それぞれの文化、慣習が与えてくれた。自分はどこからやってきてどこへ向かうのか。個の成り立ちに関わって、人生に未生（生まれる前）と来世（あの世）についての考えやイメージ、すなわち他界観念が形成される。故人を偲ぶ、弔うという営みは人類史の始原から存在している。旧石器時代の発掘された人骨の周辺には、故人の生活に縁のものが置かれ、手向けられたであろう花粉の粒が痕跡として残っている。亡くなった人への追悼はひそかに心の中で行うものでもある。故人はいろいろな時に声をかけてくる。あるいは夢に出てくる。心の中で彼らと話をしている。追憶、追悼という営みは、もっとも純粋な心の動きの一つではないだろうか。

日常は、あの世、来世、他界とは断絶しているが時折、そことのつながりを人は確かめようとする。たとえば『遠野物語』の数々の物語に描かれているように、「不思議なこと」に出会うことによって他界とのつながりを確認する。生と死の共存・循環という世界観を人々は共有していた。

故人を偲びもう一度会いたいと願うのはいつの時代も変わらない。故人を偲ぶ語らいが家族、親しい仲間たちの中で機能していれば、定まった時期に故人を偲ぶ時間が、社会的に与えられる。そこでは故人を主人公にして様々な話が語られるであろう。遺品を繙き、思い出の写真などを並べながら、生前だと思いやれなかったことも悔やみ、その人の別の面、聞いたこともなかった面が語られ、思い出されることもある。そこからいくつものストーリーが生まれる。弔いの儀式を通じて、人の死という重たい出来事も少しずつ、一人一人のライフストーリーの中に埋め込まれていく。

しかしながら、情報管理の行き届いた近代的制度の中で、生と死は分離される。自己から死は排除される。人々が生活・慣習（エトス）の中で培ってきた世界像が急速に破たんし、人の生活と生涯は断片化していく。私はどこからきてどこに行くのかという自己の根源的なアイデンティティに関わる問いが無効化し、生きる精神的な基盤が揺らぐ。生者と死者の絆を確かめることは、アイデンティティの根源に関わって不可欠である。

二　死者の力

自分にとってかけがえのない人をなくすということ、喪失の体験、その心中を島薗（2019）は的確に描いている。心にとっては「いる」にもかかわらず、現実にはいない。現実には「いない」が心の中に今も「いる」。このような他者との関わりが問い直される。

夢の中で、亡くなった人が語りかけてくる。悲しみの仕事を通して、死者が新たな形で寄り添ってくれる存在に変わる。悲しむことは悪い反応ではない。失われた尊いものを抱きなおす仕事。よりよく生きていくために不可欠の営みなのだ。八歳の時に母を亡くしたという明恵上人は、「夢の記」を残したことでも知られるが、「仏眼仏母」の絵をずっと大切に所持していたという。そこに亡き母親の像が重なり、深く心に刻まれ、胸を打つ。

一方、このような心の動きが止まってしまう、うまく作動しなくなることがある。理不尽な暴力、事故、災害、戦争などで、身近な人を失う。あるいは理由も語らず身近な人が自死する。このようなとき、人は自らのライフストーリーに出来事を組み込むのはきわめて困難となる。とくに人災による突然の死は遺族にとって、「暴力的とも思われる感情」に襲われる。グリーフがどのように分かち合えるかもっとも困難な場面である。日本においてグリーフケアが広まるきっかけは、二〇〇五年四月二五日のＪＲ福知山線脱線事故による多数の死傷者という出来事である。身近な人が亡くなる。そのプロセスに付き合えるときと、そうでない不慮の出来事での突然の訃報とでは、悲嘆の在り方が本質的に違う。「神も仏もない」これが遺族の声である。まず必要なのは、悼みの場である。戻る場所が遺族に必要である。事故のあった場所を保存し、念に刻む。鎮魂の営み、冥福を祈るのではなく死者のことを覚えておくことである。

もっと直接的に死者を見るという体験、すでに亡くなった人の姿が見えるという現象、「死者ヴィジョン」について、多くの報告がある。特に東日本大震災津波被災地では、報告資料の分析、インタビューとフィールド調査をふまえ、宗教学者によってまとめられている（高橋・堀江 2021：大村 2012）。そばに亡くなった人がいるという実感、多くの場合不意に、死者の存在を感じ取る体験、死者臨在感覚（sense of presence of the dead）は、生者と死者の絆という観点から、正面から課題となっている（諸岡 2022）。これはホスピス、緩和ケアの実践活動の展開と絡んで、心理臨床においても、取り組むべき主要なテーマの一つである。臨床心理士でもある宗教学者大村（2012）は、周囲の人にとっては幻覚・幻視であるかもしれないが、それを見た本人にとっては「事実」であるとする。その中立的表現として「死者ヴィジョン」と表現する。親しい死者のヴィジョンという体験は、自己治癒の作用があり、生と死、現世と来世という時空の隔たりを超えて生者に働きかけてくるものである。この世とあの世を結び絆としての働きを持つ。このように大村は述べる。

折口（1929/1965）は、なぜ人があの世、他界を想像し始めたのかという問いについて、それは「人が死ぬからだ」と率直に答えている。他界への望郷の念（ノスタルジア）が間歇的に自己を突き動かす。折口はそのような衝動に触れ、他界の場所を希求し、熊野や琉球を繰り返し訪問した。

以上のように、死者は生者を動かすエネルギーを有しているのである（柳川 1987）。死者は、現世で生きている人をこのように動かすという意味で、人の心の現実、物語的現実を作り出す。村上春樹は、小説を書いていて、死者の力を非常に強く感じることがある。黄泉の国へ行くという感覚に非常に近いと述べている（河合・村上 1996）。

死者の姿と出会う、その気配を感じること、それがたとえヴィジョンや幻覚であろうと、体験者にとっては、慰めを与えてくれる場合もあり、生きるための源泉ともなりうる。

セラピストが、グリーフの営みの伴走者となることは、この現実に入っていくことなのだ。

さて、グリーフという心理臨床において、これ自体深い実践領域であり、未開拓の領野であることをふまえた上で、現世と他界との関係はグリーフに限らず、サイコセラピーの実践において、主要なテーマとなる。ここでこの点について、検討してみたい。

三　他界の危機——臨床的課題として

「臨床体験から紙一重のところで、生と死は接している」（河合隼雄『明恵　夢を生きる』）

このように、河合が言うところを、私たちは臨床実践の中でどのように探究できるだろうか。クライエントが語りを通じて生み出す現実に伴走していると、生と死の区別さえなくなる深いレベルが開かれてくる。ここでセラピストはそのような領野へ同行するものとしてある。

他界との往還が現代人の心と魂の回復に欠かせないという危機意識のもと、鋭い指摘を行っていたセラピストを紹介したい。井上亮（1947-2002）は、勤務していた大学において「他界心理学」という講義を残している。一九八七年の講義である。その講義の中で井上は、臨床像の様々な局面における変化をとらえ、その背景に他界の危機を鋭く見抜く。他界の危機とは、他界の喪失あるいは、氾濫、この世とのバランスの崩壊をさす。自己治癒力の回復に伴走するというセラピストの基本姿勢が、通用しない事態を意味している。

井上は他界の問題をあくまで臨床の現実として検討している。私たちもこの課題を共有したい。生と死の共存・循環こそ、人の治癒につながるものである。このシステムが壊れていることを井上は四〇年近く前に警告を発した。他界も含む世界観の回復はこの時代においてどのように可能であろうか。井上は講義の中で以下の様な点を提示している。

人々は儀式や祭りによって、他界と関わり照らし合わすことでこの世の方向づけを確かめてきた。儀式や祭りはその微調整の役割を果たす。そのずれによって生じる病気を治療するのがシャーマンであった。ところが現代、その調整が困難になり、他界とこの世とのバランスが壊れてしまった。心の危機の問題の基盤に他界の危機がある。心理療法の仕事はシャーマンと類似する。その仕事はともに、この世とあの世の往還を助けることである。

セラピーの過程で、セラピストがこの世に戻れなくなるような体験をすることがある。井上は自閉症の遊戯療法のあるセッションにおいて、そのような体験を語っている。統合失調症や自閉症の症状自体は軽くなってきている。しかし「病」は深くなってきている。井上は彼らを「われわれに成り代わって、現代の他界の問題を引き受けている人」だと述べる。

さらに彼らの症状は、より深刻な破たんを回避する生の戦略であるととらえる。このような視点を明確にすることに他界心理学は寄与するが、この世とあの世との往還とは、臨床場面でクライエントの世界に入ることとそれ自体が、あの世へ行くことに類似するということになる。こういう点はにわかには理解しがたいことかもしれない。井上は他界との往還の方法を身につけるために、伝統文化に根差した療法や行の知恵、特にシャーマニズムを積極的に修練した（井上 2006）。それはしかし、誰もがまねのできることではない。

四　他界のリアリティ

死者の魂は常世の国へ行き、やがて再生し、この世に帰ってくると考えられていた。種々のフィールド調査を参照するまでもなく、現世とあの世・他界との往還は、自由に行われてきた。東南アジアからポリネシアに至る圏域において共通する他界観である。

他界心理学の基本的視点を、セラピーの過程のなかでとらえたとき、「セラピストは、此岸から他界のリアリティに直接コンタクトする」と井上は述べる。この世と他界は断絶しつつ、繋がっている。セラピストは他界から戻ってその体験を、クライエントと共有し、二つの世界を架橋する。他界を取り入れた心理療法とは、この世と他界との往還を果たすことが基本にあり、「冥府下り」

に同行するような覚悟が、セラピストに求められる。セラピストがクライエントの世界に身を投じる体験は、伴走者として、様々な異邦の土地を旅するような体験に重なる。

人々が生活の中で共有してきた生と死の共存する世界、すなわち他界に対してはそれ自体を尊重し、むやみに接近することを避けなければならない。他界との接近には様々なタブーがあった。その民俗的慣習の意味を現代的に再構築したうえで、他界とのつながりに独自の回復の道を探ることが求められる。岩田（1985a）は、その境涯を「断絶を介して結びついていることの切なさ、かなしさ、そしていとおしさ、そして無情の場」と情念を込めて述べる。そして、「私のまわりにいる人々は、その魂の遠い記憶、ご先祖たちの立ちなずんでいた場所、神か仏か、あるいはもっと定かならぬ者のいるところへ、内なる自分を探し求めてさかのぼりこれと合体し、やすらわせようとする。日常生活の中に、近代市民社会には浮上せぬ幽祭を心の奥底に営みながら」という石牟礼（1986）の言葉は魂の奥に響いてくる。

五　死の内的感覚

魂に触れるような出来事が人生に時折訪れる。出来事が出来事として、生きる上で深い意味を持つ。他界という考えに思いをはせるとき、それは日常の自然的態度で身についていた自己という観念をとらえなおす契機である。日常の自己から切り離されるという体験をしたとき、他界が個人において抜き差しならぬ課題として立ち現れる。以下の言葉は、震災体験者がその直後の体験を述べたものである（森岡 2012)。

「焼け落ちる自宅の前に立ちつくしたとき、それまでの私が一瞬宙に浮いた。微妙な変化を経験した。」「自分を形作っていたものがすべて失われたと悟ったとき、自分とは何か。日頃考えていたことが変わり始めてきた。」がれきをすっかり取り払われ、「復興」した街の姿を見たとき、震災直後とは異なった喪失感、空虚感を述べつつも、当事者は以下のように語る。「それでも、自分はそこにいるのだと感じていた。」この人にとって、自己はがれきの方にいるのである。「がれきをじっと見ていると、がれきが自分のなかに溶けていく気がした。」

ここで、がれきと自己は切り離せない体験が生じている。がれきと自分を生きた全体として見るという視点の回復は可能であろうか。

リフトンがいうように、自己はあらゆる瞬間において、直近の事柄（proximate matters）と究極的な事柄（ultimate matters）の両方に、同時に関わっているということがこの男性の体験に現れている。「人間存在のあらゆる重要な段階には何らかの形での、死の内的感覚が含まれている」（Lifton, 1976)。リフトンのいう「死の内的感覚」、これは人の生を内側から支え、人が生き抜くために欠かせぬものである。これを支えるのがセラピストの根本的な仕事かと思う。死の感覚は、自己形成のプロセスに内包されている。

六　まとめ――事の領域へ

冒頭に挙げた、河合の「ある種の事実として見る眼」とは何かという問いに対して、さしあたりの答えを述べておく必要がある。

他界に行って帰ってくるという物語を、ある種の事実としてそのリアリティを真に受け取ることは、心理療法の場であるからこそ可能であり、社会的な必然性がこの時代においてである。人が生きていく道筋で出会う身近な人の死、喪失、災難、病気や受傷といった危機的な出来事に遭遇したとき、その意味を個人の経験に基づいて把握し何とか心におさめる。自己の首尾一貫性の感覚を維持することが健康を生み出す基盤となる。アントノフスキー（1987）の健康生成論も危機的出来事に対する意味生成の力を基盤とする。だが、その力が個人的努力に矮小化されると、意味の獲得への努力はあくまで個人的なものとなる。それでは個人は疲弊する。

自分はこの世からどこへと向かうのだろうか。かつて、この問いに物語を与える社会的な仕掛けとして民俗の慣習が機能した。そして日本では、人が誰もが直面する生と死に関わる体験に対して長年、仏教が何らかの物語を提供してきた。そして仏教が日本に伝播する一つの原動力になったであろう。ところがそのような仏教の社会的機能が果たせなくなってきて久しい。

現代社会に生きるとき、人生のイメージが平板化し、描きにくい。それは近代の合理主義的価値観から他界、あの世との関係を切り離して人生を捉えようとしてきたためである。人生の折に触れ、節目に即して人生の儀礼、慣習が、家族や集団で執り行われ、参集してきた。

時々は現世に他界が顔を出し、他界を現世が取り込む社会的な仕組みが働いていた。岩田や谷川（1979）が「青の空間」として見通したところは、井上亮も実地見聞を行った軌跡を残している。ところが、岩田（1985a）が描いた「人は現世と他界の波打ち際に生きている」という人生イメージが体験として蓄積しない。これが他界の危機である。

河合は人生のトータルなイメージの回復において、他界を含むイメージの回復を求めている。そのときに「ある種の事実として見る」目が必要なのである。それは言葉の本来の意味で「事実」すなわち事の実質を捉える眼である。事とは何か。心が物の世界と交差交流することで、出来事の領域が生まれる。石津（1947/1980）は、第一の領域である心と、第二の領域である物とも異なる第三の領域に「事」があるとした。心と物の世界も、相互に縁り合う関係であり、この関係が事という中間の体験領域、第三の領域を生み出す。人が生きているのは、この領域である。出来事は物に心が関わることで生じる。

心が物に関わり生み出す事の世界について、もう一つ著名なエピソードは、南方熊楠の「事世界」という着想である。熊楠は土宜法竜との往復書簡の一通（明治二六年一二月二一日）にて、「不思議境」について言及している。この言葉は天台止観にも出てくる。不思議境には二つある。心と物である。両者が重なり合うところに「事」の世界がある。この世界の探求を「事不思議」として明らかにすることを書簡の中で試みている。「小生は何とぞ、心と物がまじわりて生ずる事（人界の現象と見て可なり）によりて究め、心界と物界とはいかにして相異に、いかにして相同じきところあるかを知りたきなり」（飯倉照平・長谷川興蔵編（1990）『南方熊楠 土宜法竜 往復書簡』46―48頁）。

事不思議とは何か。事は、心と物が交わるところに生まれる。たとえば、建物は、物からできているが、想像されたものを、設計図をもとに構成する。設計図も建物も、心と物とがまじりあう境界にて実現する。これは心理支援の様々な制度設計も同じで、いくら支援への情熱とマインドは高くとも、物（人が動くための費用、場所）を具体的現実的に確保しないと、支援は成立しない。物を確保してもそこに人が動き、心が交わされなければ、支援の場は回っていかない。事を起こすことが心理支援である。

河合のいう「ある種の事実として見る目」は、心と物の交差する事の領域に入り、そこで立ち上がる現実を受け取る力に関わる。心理支援の場では、自然存在としてこの身体を生きている。そして、人はライフサイクルのなかで、障害や病に出くわす抜き差しならない事態をいつも抱えている。そのような事態に内心でどういう態度をとるか。その在り方で現実は変わる。「自分はどこから来てどこに行くのだろうか」という問いに関わる考えに真摯に取り組む。この問いへの何らかの姿勢をもっておくことが臨床家にはつねに求められている。死者の側に身をおいてこの世界を眺めることが、固定した現実の見方をずらし、それが臨床の場を活性化させることにつながる。

第四章　あの世とこの世を共に生きる道

井上ウィマラ

「あの世」について

あの世は、本当にあるのだろうか？　あるとしたら、どこに、どのようにしてあるのだろうか？　子どもの頃にこんな疑問を抱き、親や大人たちに質問してみたら「そんなこと考えるより、学校の勉強をちゃんとしなさい」といなされてしまったり、答えてもらえなかったりした経験のある人は少なくないだろう。そうこうしながら忘れてしまう人もいるだろうし、忘れられずにずっとこの問いを心のどこかに抱き続ける人もいるだろう。そして、自らの死を目の前に感じ始めたとき、多くの人はそれまで避けてきたこの問いに真剣に向かい合うようになる。

筆者は、大学でスピリチュアルケア教育の援助法を組み立ててゆく中で、終末期の臨床で患者から問いかけられることのある「あの世」に関する問いについて、どのように受け答えしてゆくのがよいかを体験的に考えるために、以下のようなロールプレイを考案した。

「あの世」に関するロールプレイ：

二人一組になって、患者役とスピリチュアルケアワーカー役に分かれる。

ステップ一：

患者は余命が半年くらいという告知を受けて、死後の世界やあの世について悩んでいるという設定。

患者役が「ワーカーさん、あの世ってあるんでしょうか？　どう思います？」と問いかけ、その後は二人で自由にやり取りする。

ステップ二：

同じ設定で、患者役は同じように問いかける。

ワーカー役は、「あの世があるかどうか、気になっていらっしゃるんですね。そうですね、私にもよく分からないのですが、もしあの世があるとしたら、どんなところに行ってみたいと思いますか？　そこで誰かとこんなことがしてみたいと思うようなところがありますか？」と、患者の不安をしっかりと受けとめた上で、あの世についての思いを語ることができるような舞台設定を提案してみる。

もし患者がいろいろな思いを話してくれたら、しっかりと傾聴して、「ありがとうございます。今は行ってみたいところについて語ってくださいましたが、もしもあの世があったらこんなところには行きたくないというところはありませんか？　もし話せるようでしたら、無理のない範囲でお聞かせください……」と誘ってみる。

一区切りしたら役割を交代して、同じ設定で会話してみる。二人が患者役とワーカー役をやり終えたら、自由に感想を話し合い、気づいたことについて確認する。

ステップ一で自由に会話してみると、あの世について自分の信じる宗教的な世界観が語られることが多いことに気づく。仏教の輪廻観や極楽浄土のこと、キリスト教の天国や煉獄についての教義的な解釈などである。スピリチュアルケア教育では、こうした自らの信じる世界観について、不用意にクライアントに語ってしまわない、押し付けてしまわないように注意することの必要性から学びが始まる。このことに気づくことがステップ一の目的になっている。

ステップ二では、まずはクライアントの不安に寄り添うことを徹底する。その上で、「あの世」という語りの舞台を提供することによって、クライアントが思いを具体的な言葉にして表出するための舞台環境を提供し、語られた内容にしっかりと寄り添って、受けとめてゆく。

こうして、「行ってみたいところ」、「やってみたいこと」などについて語ることと傾聴することの両方を体験して、その体験について振り返りと分かち合いをしてみると、以下の二つのことに気

いつ「私」になるのか？

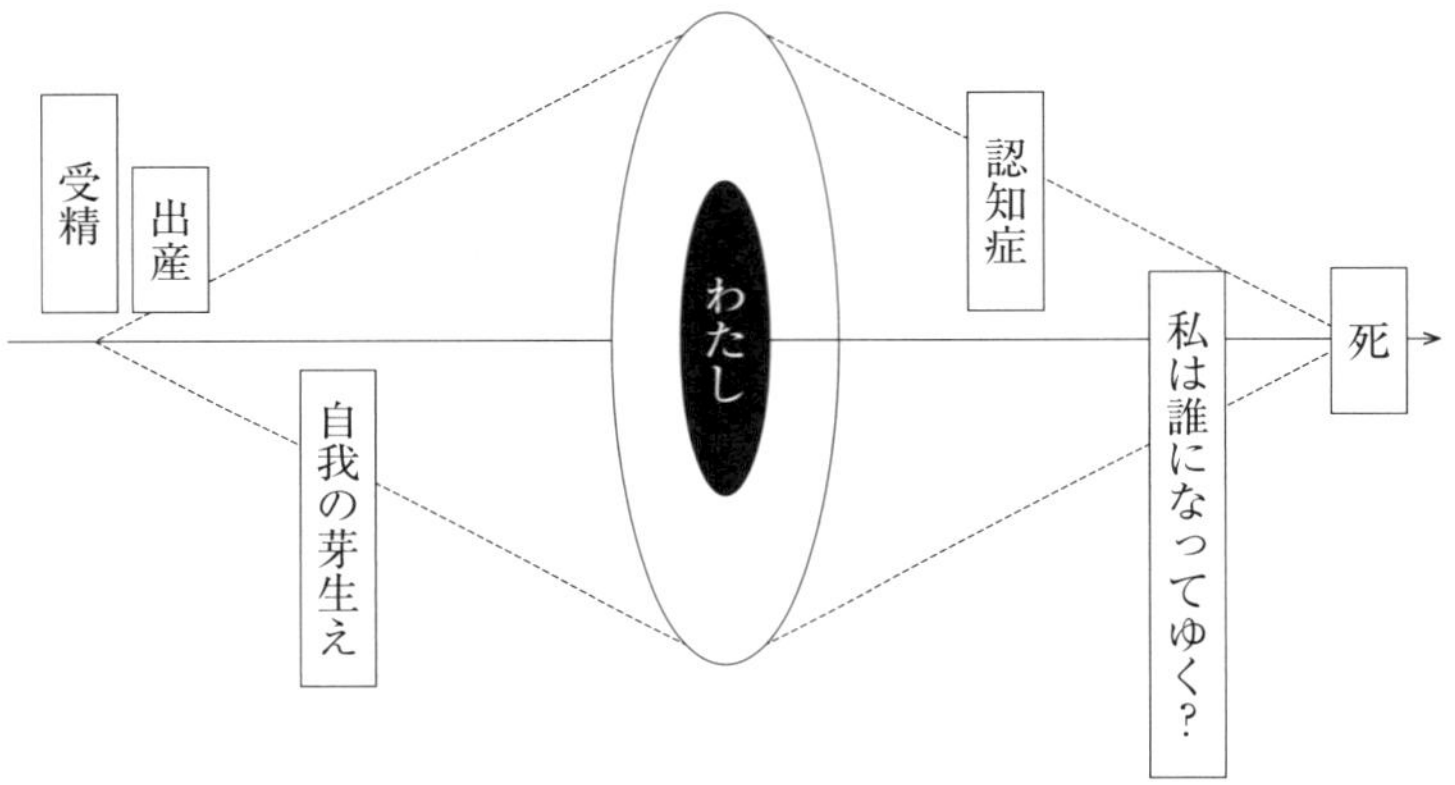

づくようになる。

①「あの世」を舞台にして語られたことは、今回の生涯でのやり残しであることが多いように思われる。

②「あの世」について語っているつもりでも、未来と過去と現在が入り混じってしまったような不思議な時間感覚になる。

いつ「私」になるのか

「あの世」について語り合う中での時間感覚の変容について確認したうえで、そうした時間を生きる「私」という主体概念は、今回の人生のどのような生育歴の中で形成されてきたものであるかについて、上の図を参考にしながら考えてみる。

思い出せる一番古い記憶はいつ頃のことかを確認したうえで、「私」になるのは、受精した瞬間、着床したとき、出産時、自我が芽生えた頃の何時だと思うか

この世と彼の世を共に捨てる
「スッタニパータ」より（jahāti orapāraṁ）

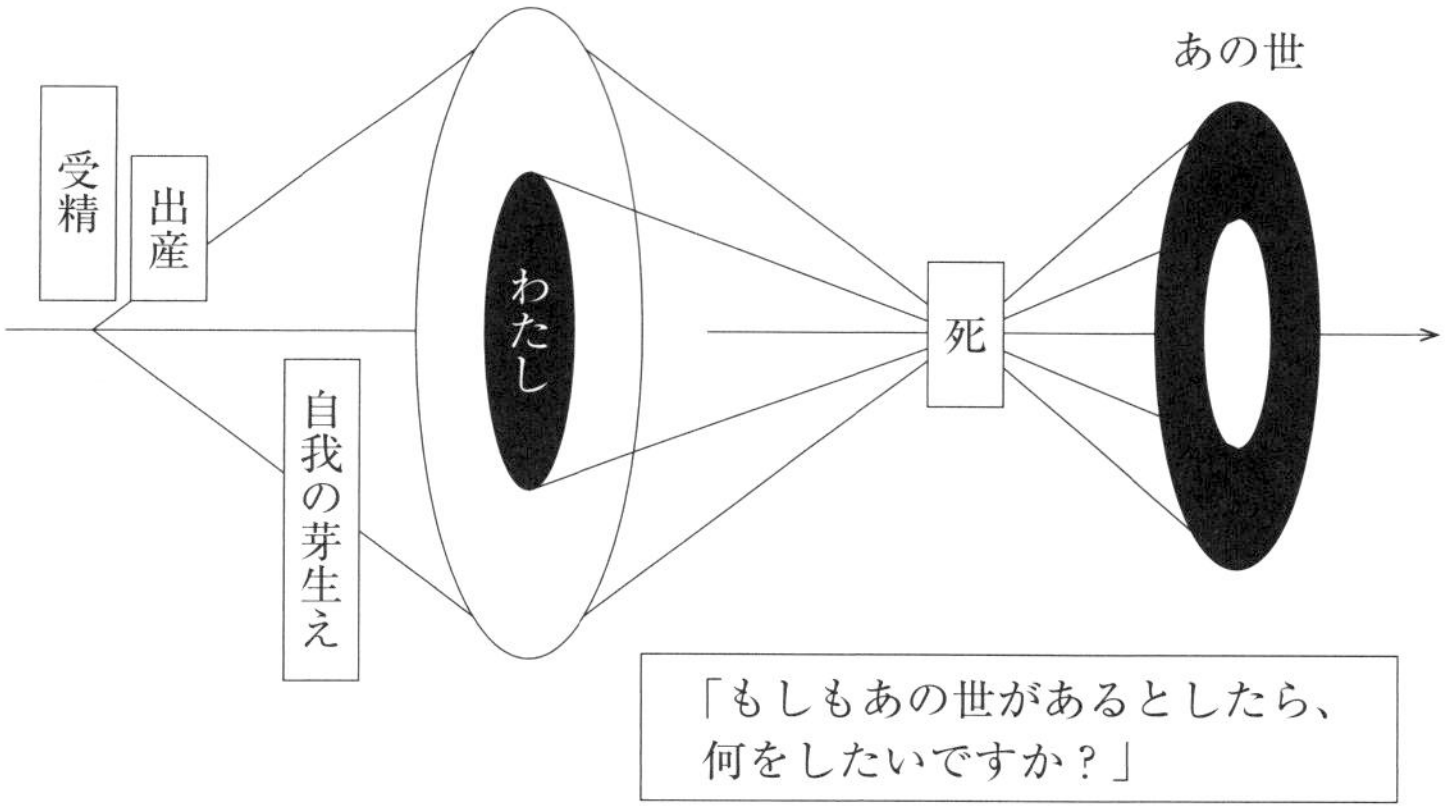

について自由に話し合ってみる。それぞれの考えと、そう思う理由を確認したうえで、「認知症になったら、その『私』はいったい誰になるのか？」についても話し合ってみる。

この世とあの世をともに生きる道

仏典の中でも最古層に属する『スッタニパータ』（中村, 1984, 11-14）の冒頭では、解脱して「私」という観念の虚構性を知り尽くし、解脱した修行者は「この世とあの世をともに捨て去る」という表現が繰り返される。

「この世」や「あの世」という観念は、「私」という観念がどのようにして構成されているかによって大きく異なる。「私」という観念の虚構性と限定性に気づいて解放され、「私」という言語的観念の出現と引き換えに疎外されてしまう要素に心を開くことができるようになると、「あの世」

と「この世」として疎外してしまっている、「私」の生命活動を支えてくれている多くのエネルギー情報に心を開いて、認識できないものへの敬意をもって今ここの「私」を生きることができるようになる。ブッダは、そのことを「この世とあの世をともに捨てる」と表現したが、筆者はそのことを「この世とあの世を今ここで共に生ききる」と表現してみたいと思う。

ブッダの幸福観

「この世」や「あの世」という世界観がブッダの実践論の中でどのように位置づけられていたのかについて、施論・戒論・昇天論に始まる次第説法の視点から考察してみたいのだが、その前にブッダは幸福についてどのように考えていたのかについて確認しておこう。

上座部仏教では毎週月曜日の勤行で唱えられる『幸せ経（Mangala-sutta）』（中村, 2005, 57-59.）によると、神々は幸せとは何かについて一二年間議論しても結論が出なかったので、ブッダに質問してみることになった。こうして神から「幸せとは何か？」について問われて、ブッダは以下の三八の幸福を一〇のグループに分けて列挙して答えた。そして、各グループの最後で「これは最高の幸せである」と繰り返した。ブッダが天人師（神々と人々の先生）と呼ばれていた所以でもある。

『十地経』や『十住心論』の原型として

これらの幸せ群は、第一組と第二組が幸福についての概論、第三組が学童期において身につける幸せ、第四組と第五組が家住期において家庭を営む生活の幸せ、第六組と第七組が日常生活で育まれる倫理や人徳という側面からの考察、第八組が道徳から修行へと幸福探求が移行してゆく入口、第九組が修行実践と解脱による幸せ、第一〇組が涅槃という安らかさと静けさを体験できた結果として味わうことのできる幸せのあり様として分類できる。

ここには、学問や情報、生きるための技術や生活態度などを獲得し身につけることによる幸せから、身につけたものを活かした生業によって家族や親族という身近な他者の世話をすることによる

38の幸福一覧

第1組	①愚者に親しまない、②賢者に親しむ、③供養すべき人を供養する
第2組	④適当な所に住む、⑤功徳を積んでいる、⑥正しい誓願を立てている
第3組	⑦広い見聞、⑧技術を身につける、⑨よき躾、⑩よき言葉を語る
第4組	⑪父母の世話、⑫妻子を守る、⑬秩序ある仕事
第5組	⑭布施、⑮法にかなった行い、⑯親族の養護、⑰非難されない行い
第6組	⑱悪を楽しまない、⑲悪から離れる、⑳飲酒を慎む、㉑法の実践に励む
第7組	㉒尊敬、㉓謙遜、㉔知足、㉕知恩、㉖適宜に法を聞く
第8組	㉗忍耐、㉘忠告を受け容れる、㉙修行者に会う、㉚適宜に法の議論
第9組	㉛修行、㉜清らかな行い、㉝聖なる真理を見る、㉞涅槃を実体験
第10組	㉟不動、㊱憂いなし、㊲汚れなし、㊳こころ安らか

幸せ、こうした日常生活によって人徳が積まれる幸せ、その結果として幸福探求が修行へと変容してゆくこと、瞑想修行を通して執着を手離して解放されることで体験される安らかさと静けさを究極的な幸福として受けとめることができる境地へと、幸福観が高まり深まってゆく発達論的視点が体系的に示されている。同時に、体験者にとっては、幸福探求の道のりのどこにあっても、その時々に体験している幸せが「一番だ」という当事者論的な視点が統合されている。

幸福についてのこうした視点は、後の『十地経』や『華厳経』における世界観や修道論へと、そして空海の『十住心論』へと受け継がれていった。私たちが「あの世」を必要とするのは、「この世」だけでは幸福探求に充分な時間がないと感じているからなのかもしれない。「幸せ」についてのブッダの教えは、「私」という仮想現実による幸福探求が必要とする「この世」と「あの世」という世界全体における、生き方への眼差しについて教えてくれているのかもしれない。

次第説法

ブッダは、一般の人々に対して、①布施の話、②戒の話、③昇天の話、④諸欲の煩いの話、⑤出離の功徳の話、⑥四聖諦の話という順を追って説法を進めたと言われ、これが次第説法（羽矢、2012, 68-69.）と呼ばれる。最終的には、人生の苦しみに向かい合い乗り越えてゆくための四聖諦を説きたいのだが、これは「私」という観念が生む苦悩に直面してゆく極めて微妙な教えである。

梵天勧請から観世音菩薩へ

ブッダ自身、解脱した直後に自分が悟った内容をふりかえって、それが深遠かつ微細であり、世間的な価値観に逆流するものであるため、説いても理解されず疲れるだけだと考えて説くことを諦めかけた。仏伝（渡辺, 2003, 8-13.）によると、その時ブッダの心中を察した梵天が姿を現し、この世界にはいろいろな機根のものたちがいて、能力を備えた者たちの中には、ブッダの教えを聴くことができなければ破滅への道を選んでしまう者たちもいるので、是非この教えを説いて欲しいと懇願した。

ブッダはそのとき、憐れみの心をもって世界を見わたし、この世界には実に様々なものたちがいて、水中で芽のままで終わる蓮もあれば、水上で美しい花を咲かせるものもあり、水面ギリギリで何かの手助けがあれば花を咲かせられる可能性を秘めたものもあることを見て取り、説法の決心を固める。ちなみに、この梵天勧請の物語に出てくる「世間を見わたす（ulloketi）」という言葉から観世音菩薩（avalokiteśvara）という概念が生み出されていった。

生まれ変わる世界における幸せ

ブッダは、世間の価値観に逆流するところのある四聖諦の説法に向けて、人々が理解しやすい一般的な幸福観・世界観に合わせて教えを説き始めることにした。①幸せには金銭や地位や名誉などを獲得することによって手に入る幸せもあるが、分かち合うことや与えることによって幸せへの新しい道が開ける可能性があることを示す布施の話、②知らずに楽しみ求めすぎることで後から後悔を生むことになる生活習慣に気づいて、後悔から解放されて心を安定させ自分自身を見つめる心の強さを培ってくれる生活習慣を調える戒の話、③布施や持戒によって積まれる人徳によって死後には天国に生まれることができる昇天の話である。

ここで生まれ変わる先として説かれる天国は「あの世」の象徴であり、天国の対極にある領域として地獄が想定されている。地獄・餓鬼・畜生・修羅・人間・天として描かれる六道輪廻は、この世での生き方に対する果報を味わう場としてセッティングされた世界観である。

死後に天国に生まれたとしても、まだそこには諸々の微細な欲望が残っており、さらなる輪廻に巻き込まれてしまう危険性が潜んでいる。欲望に動機づけられた再生産の輪の中にいることの煩わしさと危険性、そこから出離することの功徳について解きほぐし、聴く人の心が充分に柔軟になり、この世を充分に深く生きるための準備が整ったことを確認してから、「あの世」に生まれることでは達成できない幸せについて、四聖諦の教えが説かれた。

四聖諦の構造

四聖諦（井上, 2012, 14-15.）は、①苦しみについての聖なる真理、②苦しみの起因についての聖なる真理、③苦しみの消滅した涅槃についての聖なる真理、④苦しみの生滅に至る実践の聖なる真理からなる。第三の苦しみの消滅に関する聖なる真理が、「あの世」に生まれることでは獲得できない究極的な幸せを今この世において体得する教えである。それは「涅槃」（羽矢, 2012,20.）と呼ばれる、苦しみの火が消えた安らかさと静けさであり、それを幸せとして認識し味わう体験智である。

私たちは、この世で何かを獲得したり達成したりすることの興奮や満足感、それによって得られる他者からの賞賛を幸せだと思い込んでいる。こうした条件付けの中では、痛みや苦しみの消えた静けさや安らかさを幸せとして実感することは難しい。ここが世間の価値観と逆行するところである。

その逆行するところを、その人に合わせて理解できるように導くために、四聖諦は苦しみに関する聖なる真理から始まる。それは、「この世」であれ「あの世」であれ、四苦八苦と呼ばれる苦しみは万人に共通する実存的な真実であるという理解に基づく。究極的な幸せについての洞察に導くために、人類に普遍的な苦しみについての理解から説き始めることが、目覚めた人であるブッダの戦略であった。

四苦八苦とは、①生②老③病④死の四苦と、⑤愛するものと別れること（愛別離苦《あいべつりく》）、⑥嫌いなものと出会うこと（怨憎会苦《おんぞうえく》）、⑦求めることが得られないこと（求不得苦《ぐふとくく》）、⑧心身相関現象を「私」の思い通りになるものだと思い込むこと（五蘊盛苦《ごうんじょうく》）である。

●児頭の回旋のしくみ

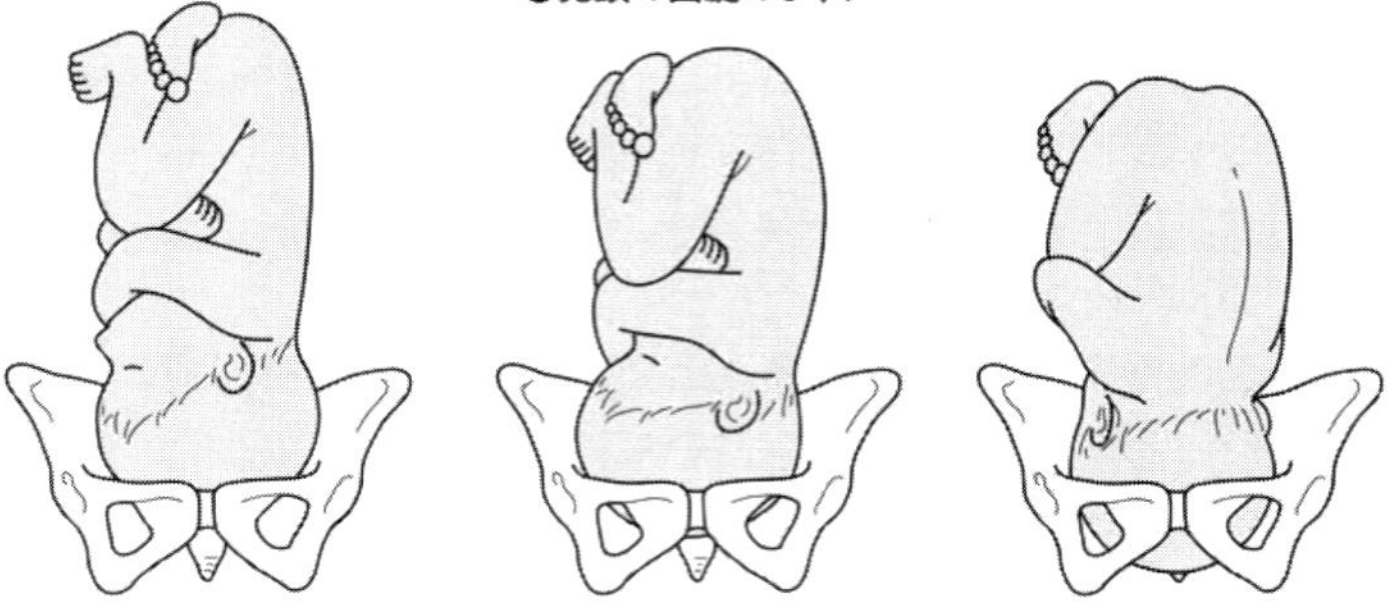

①骨盤の入口に、児頭が横を向いている

②第１回旋　あごを胸につけ、頭から入れるようにする

③第２回旋（１）後頭が前にくるように骨盤に入ってくる

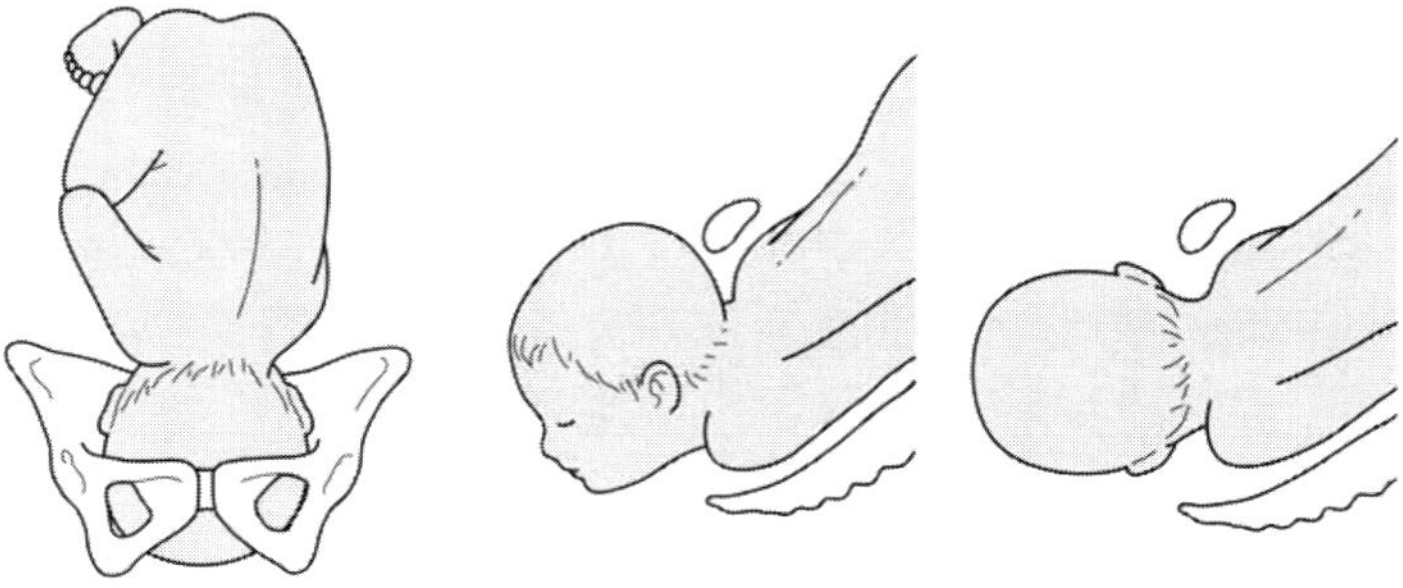

④第２回旋（２）骨盤の出口にくるころ後頭が正面にくる

⑤第３回旋　うなじが恥骨結合の下に現れる

⑥第４回旋　首まで出るとまた頭は横を向き、90度回転

時事メディカル「家庭の医学」より転載

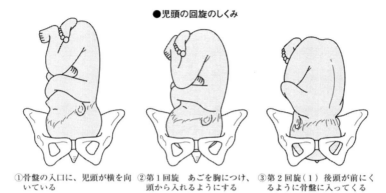

生まれることの苦しみ

人としてこの世に誕生するときの苦しみは、誰も言語的記憶では覚えていない。現代の産科医学研究によると、胎児は狭い骨盤と産道を通過する際に、右の図に示すような回転をしながら生まれ出てくるという。

この命をかけた回転を可能にするために、頭蓋骨には縫合と呼ばれる繊維状のち密な結合組織があり、各部分が移動しながら狭い産道を通過するための変形を可能にしている。私たちがこのようにして命をかけて産道を通過して生まれ出てくる体験は、ある意味でトラウマ（心的外傷）となり得るもので、ランク（2013, 5.）は『出生外傷』という著作の中でそのことについて述べている。

精神分析を受けた患者たちが、回復を目の前にして「まるで、生まれ変わったようだ……」という言葉を漏らすことから、心理療法のもたらすものが、母体から生まれ出てくる際の苦しみを受けとめなおしてゆくための作業になっているのではないかという洞察であった。

グロフ（1988）は、ＬＳＤの代わりにホロトロピックブリージングという呼吸法を用いて変性意識状態を研究する中で、死と再生の象徴的なイメージが変性意識状態の中で表出されていることを見て取り、「人生の基盤となる出産前後のプロセス（Basic Perinatal Matrix）」として整理した。それらは、①出産の前に子宮にいた時の天国的（母体環境によっては地獄的）な体験、②骨盤の入口に頭がはまり顎が胸について産道に入る準備が整う体験、③狭い産道に突入して通過する際の苦悩の体験、④苦しみを経て生まれ出た時の解放と成就の体験である。

このプロセスは、ランクの考えた「出生トラウマ」をより具体的に描写しながら、私たちが成長後に体験する人生の旅路に通底するパターンを示すものであり、その意味で「基本的なマトリックス」なのである。

おそらくブッダは、悟りを開く前の苦行体験を通して、断食や息こらえによる極限状態の中で、臨死体験に似たイメージの海を泳ぎ尽くしていたのであろう。生まれることの中に、人生で体験するあらゆる苦しみや喜びの原型がホログラムのように組み込まれていることに気づいたのではないかと思われる。

人として生まれるプロセスの中に死と再生の体験が内蔵されている。だからこそ、苦しみの消滅した安らかさと静けさを究極の幸せとして理解するために必要なものとして苦しみの理解があり、そのはじめとして生まれることの苦しみを理解する必要性を説いたのだ。それはまた、出産直後に母親を失ったブッダの抱える悲しみが教えてくれた人生の真理でもあった。

語りうるものと語りえないもの

この世とあの世の問題については、こうして言葉で語ることの出来る領域と、言葉では語りえない領域とがある。それは、私たちが考えることの出来るあらゆる問題に共通したことでもある。ブッダは、そうした語りえない領域については、語りえるものについて最善の仕方で語った後で、沈黙を保って心を向けておくことの大切さを説いている。無記（avyākata）と呼ばれる態度である

（羽矢，2012，67.）。

それは言語によって表現したり議論したりすることの無益を痛感するゆえの、精いっぱいの心の向け方であり、寄り添い方でもある。言語表現に与してしまうと、疑念や議論が無限に増殖してしまい、理解や安心のためには役に立たない。仏教における戯論（papañca）という言葉には、「増殖する」という語源的なニュアンスがある（井上，2012，52.）。

だからこそ、「あの世」があるか無いか、身体と心は一つか異なるか、世界に果てはあるのか、時間に始まりと終わりはあるのかなどの形而上学的な問題、言語的アプローチによっては納得できる解答に至ることの出来ない問題に関しては、言語的なコミュニケーションを離れて、その問題について問われた状態そのものに心を向けて沈黙を守ることが有効なのだ。これは、苦しみの消滅した安らかな静けさである「涅槃」が「無戯論」と呼ばれるゆえんでもある。

善悪を超える唯作心

無記には、言語的表現に与しないという意味の他に、善悪を超えているというもう一つの意味がある。阿羅漢と呼ばれる解脱を完成した人は、見た目には善いことを行っていても、業を作ることがないので、この世でも「あの世」でも結果を受けることがない。もちろん悪をなすことはない。業として結果をもたらすことのない、ただ（善いことを）行うだけの心を唯作心（kiriyā-citta）（井上，2012，12，34）と呼ぶ。善悪を超えて、結果をもたらすことのない唯作心を獲得すること、これこ

主客未分の存在を感じる	Asmi. （いる、ある）
主客が分離して 「私」が感じられる	Ahaṁ asmi. （私である、私がいる）
所有観念が現れる	Etaṁ mama. （それは私のものだ）
「私」が客観化される	Eso ahaṁ asmi. （私はそれだ、それが私だ）
「私」の背後・奥に 自我機能（魂）が想起される	Eso me attā. （それが私の自我である、私の魂だ）

そが輪廻を超えて解脱した人に生じる心の実相である。この唯作心も無記と呼ばれる。

「私」の創発と苦しみの始まり

生まれることの苦しみと同じくらい理解の難しいものが、五蘊盛苦と呼ばれる四苦八苦の最後におかれた苦しみである。五蘊（五つの集合体）とは、色（物質的な身体）、受（身体感覚）、想（イメージや認知）、行（業を担う意思）、識（記憶と意識活動全般）に分類される心身相関現象の総称であり、生命現象そのものである。

この五蘊を「私」であると思い込み、その「私」の思い通りになるものだと信じ込むことによって発生する苦しみを五蘊盛苦という。出産による誕生に対して、これは自我が確立し、アイデンティティー（自己同一性）を獲得することに伴う苦しみであり、「私」意識が生まれてくることによる苦しみである。

瞑想体験における「私」意識の階層性

『サンユッタ・ニカーヤ』に記述された「私」という意識の階層性をまとめると右の図のようになる（井上, 2008）。

中動態として議論されるような意識状態で創作活動などをしている時には、「私」という主語のない、動詞だけで表現されるようなクリアーな意識状態にあることが多い。動詞だけの意識状態にも、非常にクリアーなものからぼんやりと自分の存在を感じるようなものまで、実に様々な意識状態がある。そこに「私」という主体観念が加わり、「私」以外の対象が認知され、所有感が生まれ、他者が想定され、自分を客観視できるようになり、「私」の奥底に魂があると思える様な複雑な存在形式を思考できるようになってゆく。

仏教瞑想が見つめていた意識の階層性に最も近いものが、スターンの自己感の発達であろう。スターン（1989）は、「私」という観念の中には、発達に応じて生後二か月くらいまでの「新生自己感」、六か月くらいまでに形成される「中核自己感」、九か月くらいまでの「主観的自己感」、そして言葉を獲得してゆくことによって一八か月くらいまでには「言語的自己感」が形成され、それらが地層のようにして私たちの意識の底に潜んでいるという（次頁の図参照）。

発達論的な視点から

スターンの自己感についての洞察は、マーラー（2001）による分離個体化理論に基づいた乳児観察の継承的発展である。乳児は出産によって母親の子宮から生まれ出てきたものの、生きてゆくた

自己感の多層性
D. スターン『乳児の対人世界：理論編』より

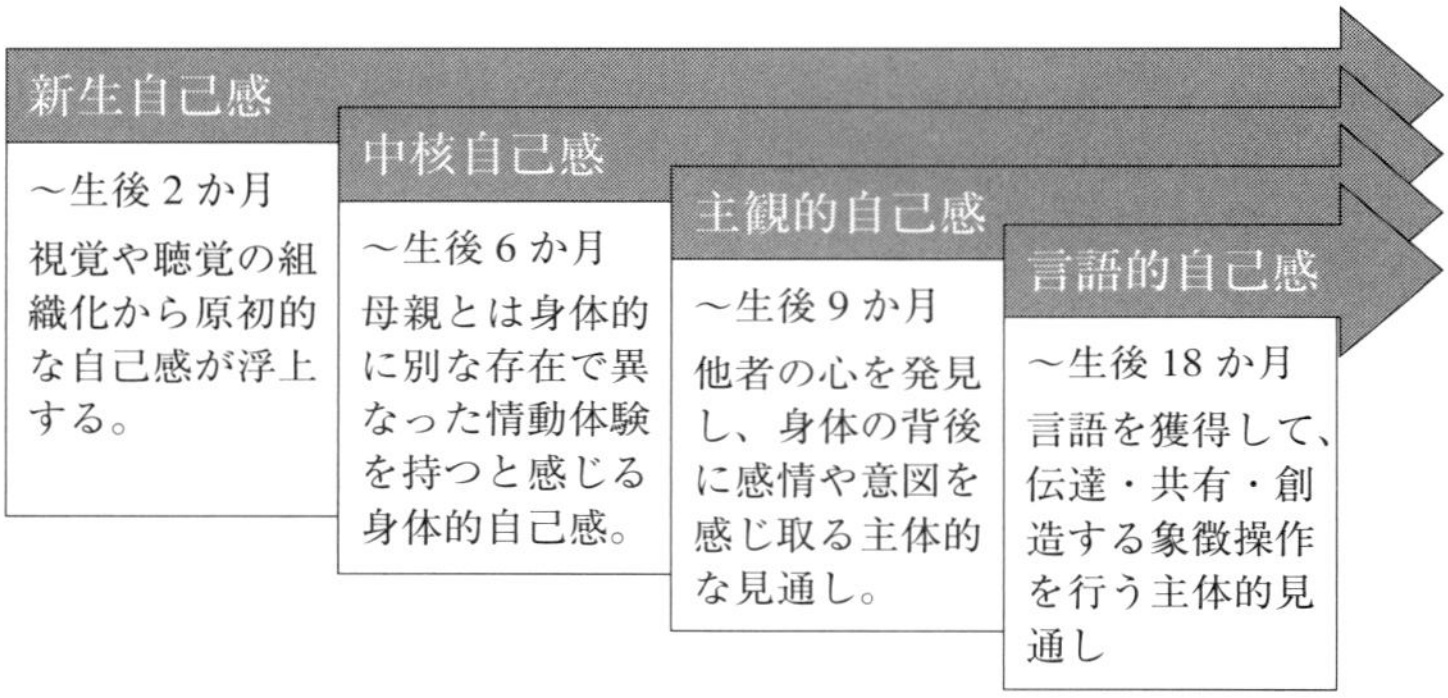

新生自己感
〜生後２か月
視覚や聴覚の組織化から原初的な自己感が浮上する。
中核自己感
〜生後６か月
母親とは身体的に別な存在で異なった情動体験を持つと感じる身体的自己感。
主観的自己感
〜生後９か月
他者の心を発見し、身体の背後に感情や意図を感じ取る主体的な見通し。
言語的自己感
〜生後 18 か月
言語を獲得して、伝達・共有・創造する象徴操作を行う主体的見通し

めには百パーセント母親的養育者に依存した状態から人生を出発させなければならない。生後半年を過ぎてハイハイできるようになって少しずつ母親から物理的に離れられるようになり、一〇ヶ月ほどからはつかまり立ちやヨチヨチ歩きをしながら分離の練習が進む。この時期は、言葉を覚え始める時期にもあたり、マーラーによる分離発達期がスターンの言語的自己感の獲得期に重なる。

一歳半から三歳くらいにかけての再接近期では、ヨチヨチ歩きをしながら世界を探索し、安心電池が切れると不安になって母親のもとに戻ってきて抱っこを求める。この時タイミングよく抱き上げてあげると、すぐに子どもの安心電池が充電されて、また世界の探索へと出てゆく。しかしこのとき、母親が他のことに気を取られていてタイミングを逃してしまうと、抱っこしてもらえなかった子どもは機嫌を損ねてしまい、回復するまでお互いに大変な思いをすることが少なくな

M.S. マーラーの発達理論
M.S. マーラー他『乳幼児の心理的誕生：母子共生と個体化』より

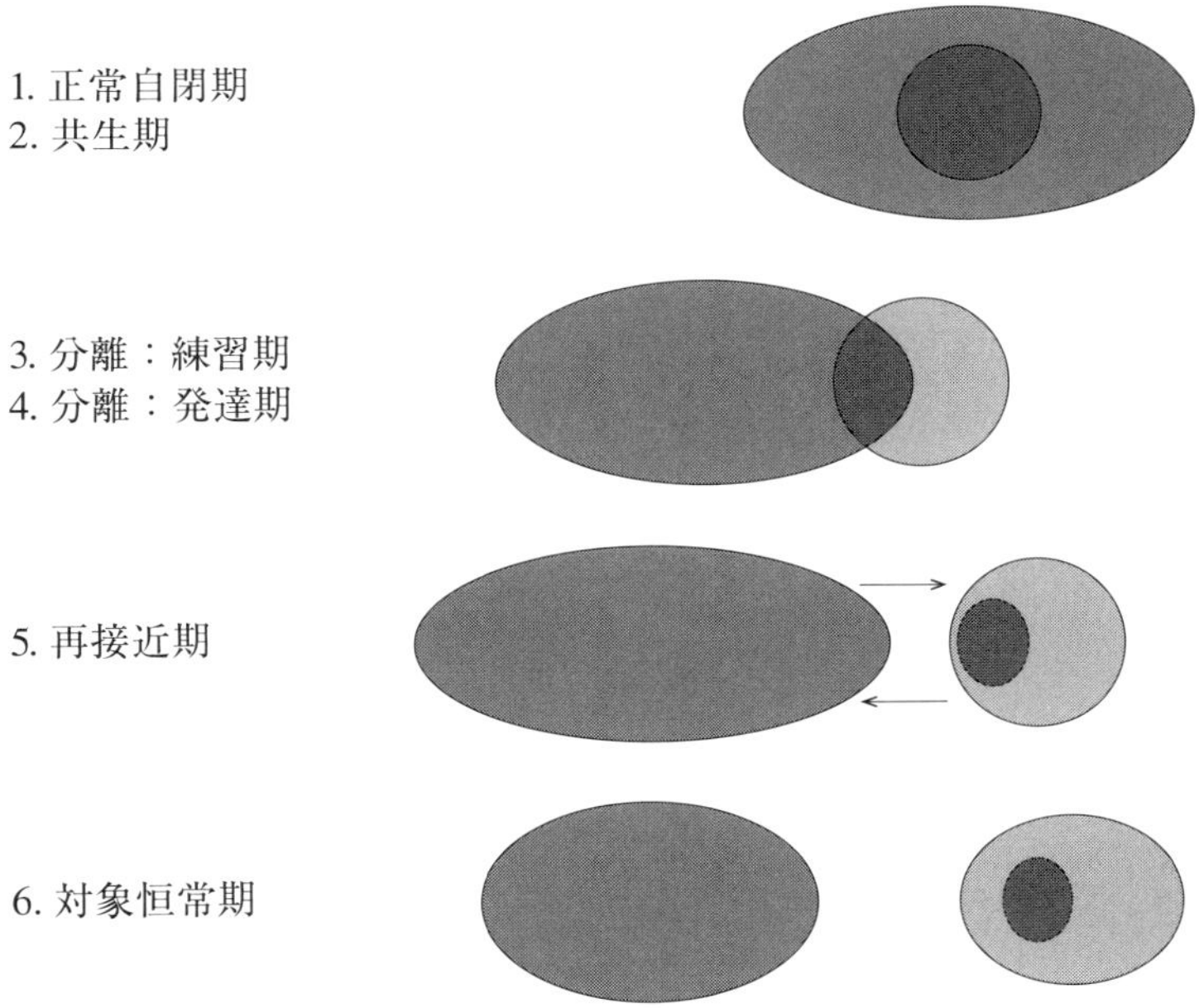

い。

　また、言葉を覚えて話し始めて間もないこの時期の子どもは、自分の気持ちを言葉で詳しく説明できないため、「ヤダ、ヤダ」という否定形で本心を表現するしかない。このヤダヤダ表現は、大人にしてみると自分が否定されたような気がして辛いものである。第一次反抗期とも「魔の二歳児」とも呼ばれる、対応の難しいこの時期に大人が見捨てを武器にして支配しすぎてしまうと、子どもは成長してから安定した関係性を結ぶことに困難を抱えることになりやすい。

抱っこ環境と万能感

こうした乳幼児観察の基盤になったのは、ウィニコットが対象関係論を構築する拠り所となった母子観察である。小児科医から精神分析医になったウィニコット（1977）は、赤ちゃんにとっての母親的存在の役割を発達促進的な環境（facilitating environment）と表現した。生後の一年間は、泣き声を「おっぱいかな？」、「オムツかな？」と聞き分けて、赤ちゃんの欲求に応えながら万能感を満たしてあげることが、エリクソンのいう基本的信頼、すなわち「この世は生きてゆくに大丈夫な所だ」という安心と信頼の感覚を育むことになる。こうして絆が結ばれ愛着形成が進む。

ここでウィニコットが「万能感を満たしてあげること」と言っている背景には、一粒の受精卵が成人になると六〇兆とも三七兆ともいわれる数に分裂して増えてゆくという命の不思議がある。身体を構成するどんな細胞にもなれる全能性の象徴が受精卵だ。再生医療で話題になるＥＳ細胞研究に倫理的な制限が付きまとうのは、胚性幹細胞を作るには不妊治療に伴う受精卵の取り扱いに介入しなければならないからである。

万能感の残響と「私」

一粒の受精卵が分割成長して着床し、胎児となり、母体から生まれ出てくると、今度は母親的な抱っこ環境の中で世話を受けながら一人の人間として分離独立し、成長してゆく。こうした人生の最初期において、受精卵だった時、胎児だった時、私たちはいったい誰だったのだろうか？　胎児だった時の体験は、私の「この世」の体験なのだろうか、あるいは「あの世」の体験なのだろうか？　そして、胎児だった時や生まれて間もない赤ちゃんだったころの経験は、言葉で思い出すことはできないとしても、成長して「私」という主体観念をもって生きている私たちの日常にどのように影響しているのだろうか？

宇宙マイクロ波背景放射と基本的信頼

この宇宙は、一三八億年ほど前に、高温高密度の特異点から始まり、その急速な膨張がひと段落した三〇万年後に水素原子がつくられはじめた頃の放射が、今でも宇宙全体に等しく放射されているという。私たちはそれを感じることはできないが、そうした微細な物理的現象が貫通している中で、私たちの生命活動が維持されていることは確からしい。

この物理的な背景放射と似たように、人生の最初期にほどよく満たされた赤ちゃんの万能感の体験は、基本的信頼という安心感となって、成人の心身の健康を支えている。それは、「私」が毎日の日常生活を安心して生きるための「大丈夫、私だけは死なないだろう……」という思い込みでもあり、ウィニコットはこれを錯覚と呼んだ。

脱錯覚と悟り

ウィニコットによると、母親の役割は生後一年間の万能感をほどよく満たしてあげることから、思い通りにならない不満に耐えられるように応援することへ、「私」の思い通りにならない現実を子どもが受け入れられるように支援することへと移り変わってゆく。そして成人になっても、死という現実を含めて、完全には思い通りにならない現実を受け入れてゆく作業は一生を通じての取り組みになると、ウィニコットは述べている。

ここでいう「完璧ではありえないこと」、「思い通りにならないこと」は、ブッダが無我とか空という言葉で表現した現実のありさまに通じる。すなわち、ウィニコット（1979）が見抜いた錯覚（illusion）から脱錯覚（disillusion）への移行のプロセスは、ブッダが悟り（bodhi）や解脱（vimutti）への道のりとして説き残してくれた仏教瞑想の道にも重なるものなのである。ウィニコットは、「脱錯覚は一生をかけたプロセスになる」ということを述べているが、その脱錯覚の頂点がブッダの説いた解脱や悟りなのだ。

いろいろな思い出し方

こうした宇宙論的な視点から私たちの人生を見わたしてみると、生命現象の中では、①言葉で思い出せる繰り返し、②言葉では思い出せないが無意識的な行為として思い出している繰り返し、③受精卵が胎児となってゆくような形態変化の中で思い出している繰り返しがあり、それぞれの仕方

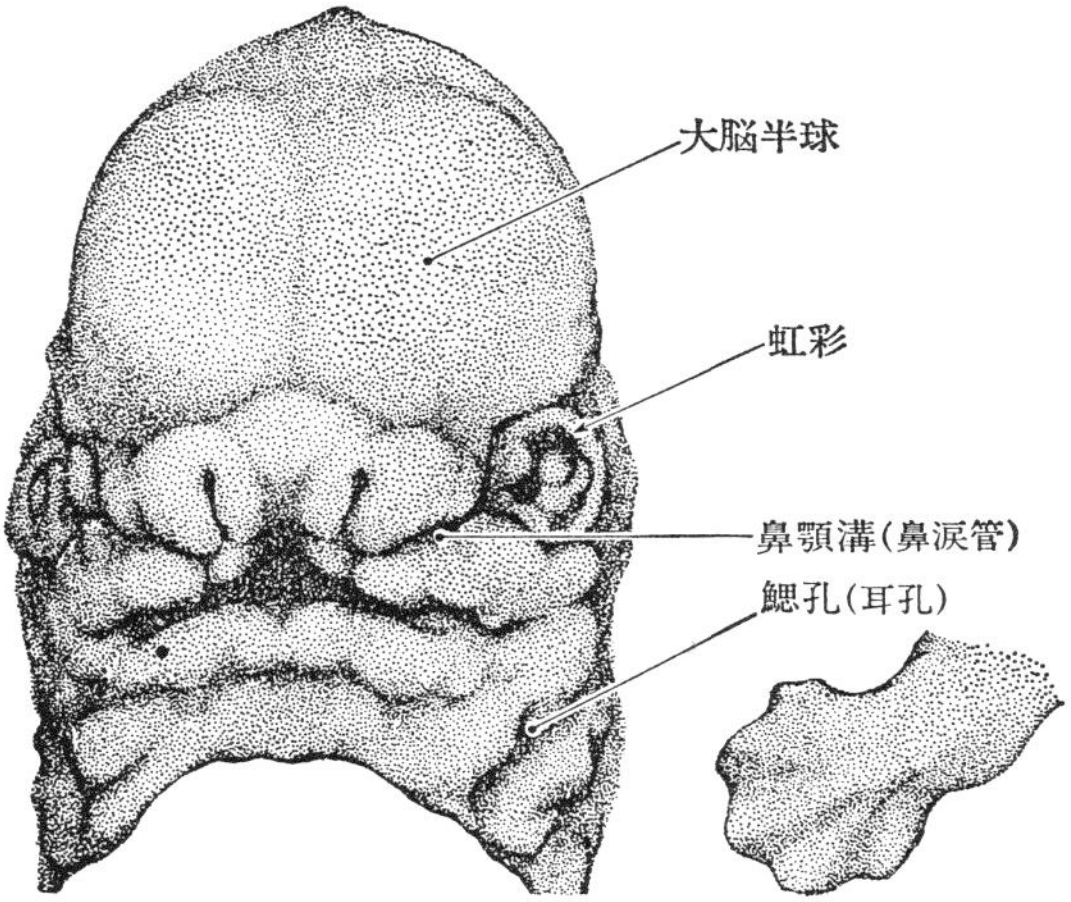

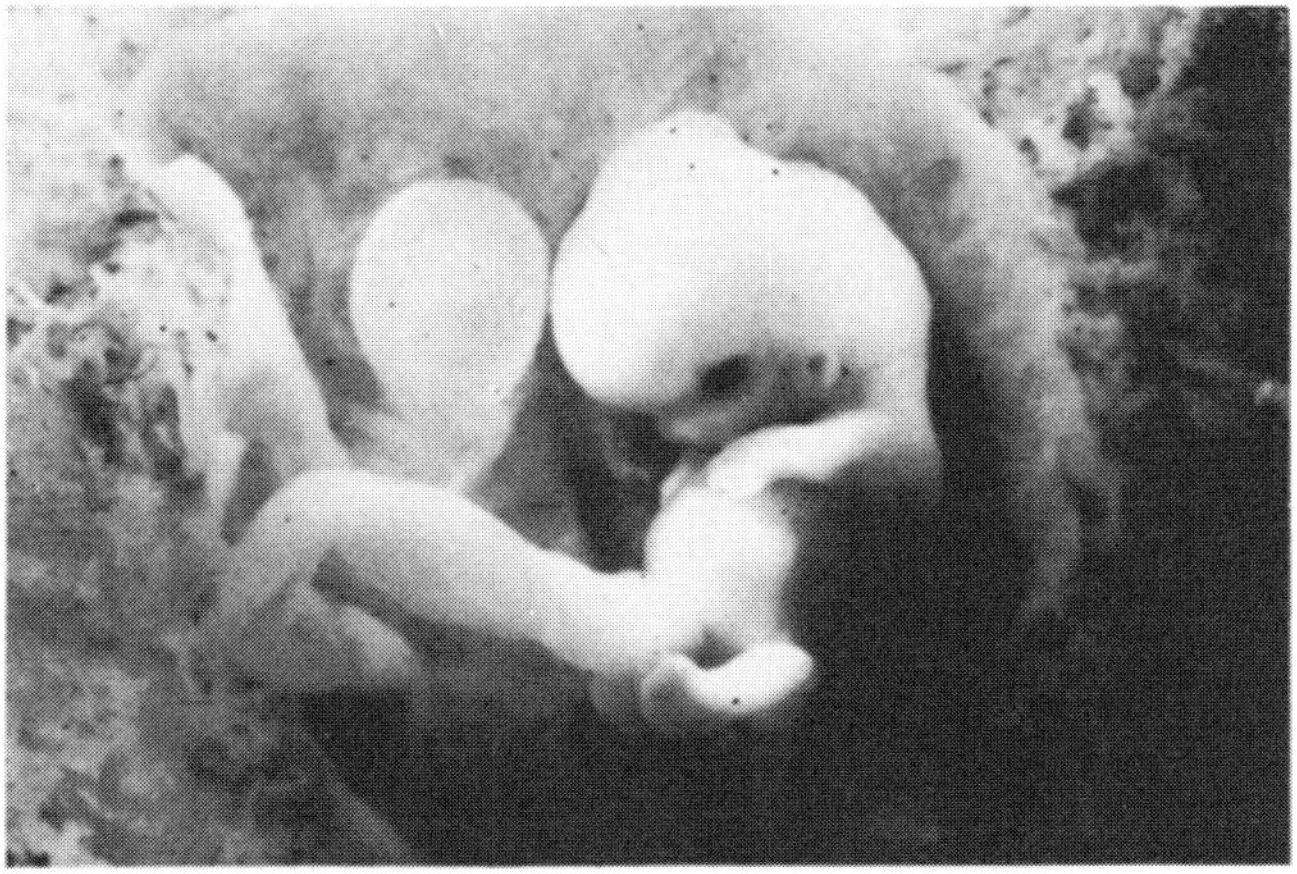

図20　受胎36日　体長は13mm。原始爬虫類の相貌（図25）。3億年前に古代緑地へ上陸を完了したころか。海草の絨毛を通して母胎はこのドラマを感受する。

三木成夫『胎児の世界――人類の生命記憶』中公新書、p.113

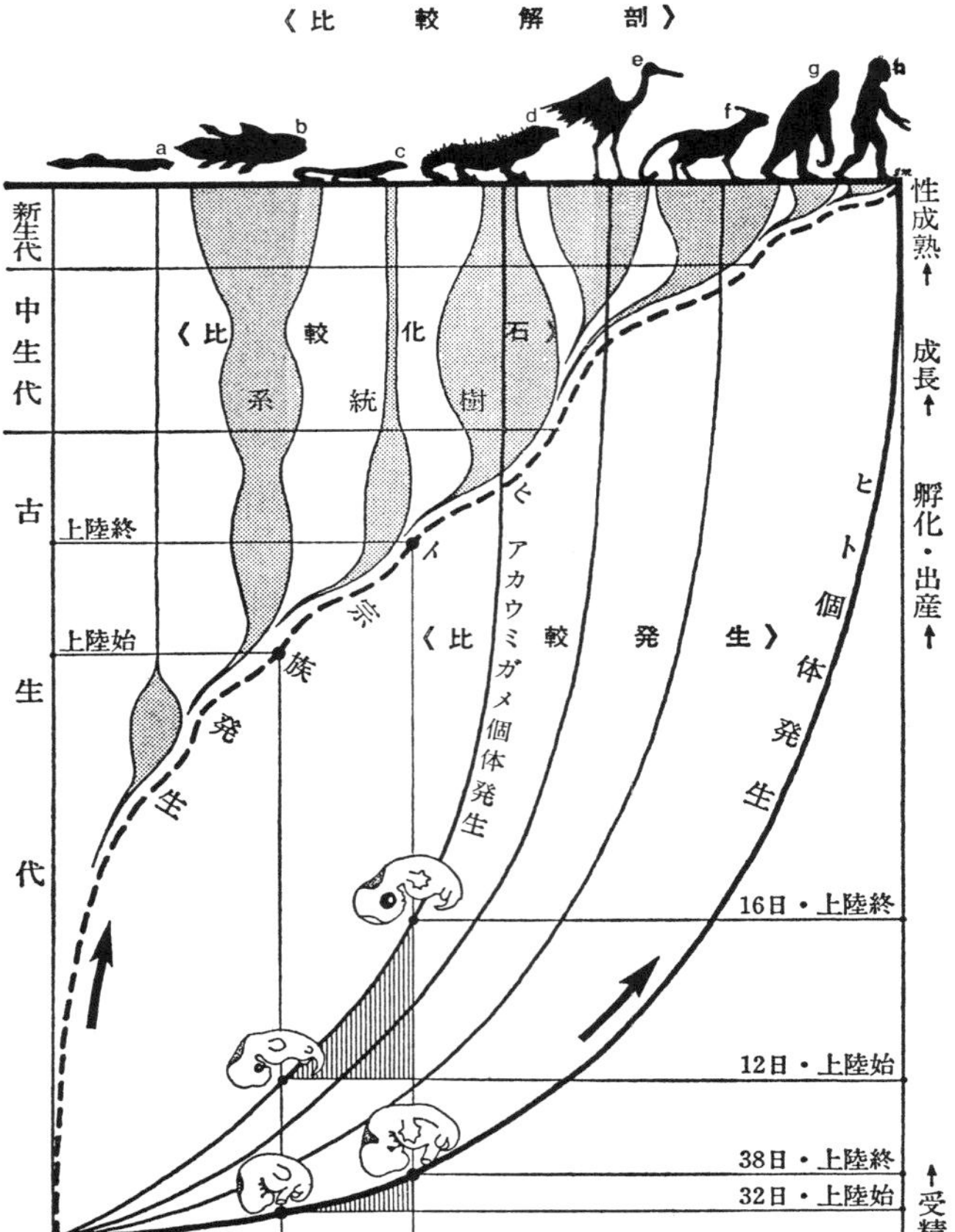

図26　宗族発生と個体発生　生物のからだに内在する二重の時間系列――「過《か》・現《げん》・未《み》」の「三世」と「已《い》・今《こん》・当《とう》」の「三時」の“からまり”の想像図。人間の思想内容はこの図柄に表われる。

三木成夫『胎児の世界――人類の生命記憶』中公新書、p.129

で私たちは生命の記憶を思い出して繰り返しながら生きているようだ。

解剖学者の三木成夫（1983）は、『胎児の世界――人類の生命記憶』において胎児の形態が地球上の生命の系統進化の過程をたどりながら、現在の人間の姿にたどり着く様子を克明に記録している。

マインドフルネスと記憶

分子生物学者のジョン・カバットジン（2011）は仏教瞑想の効果を体験して、「人生の苦しみに対してこのような効果を持つ伝統的な洞察智の訓練体系は、心身の苦しみが集まる病院で実践できるように組み替えられるべきだ」というインスピレーションを得た。そして、一九七九年にマサチューセッツ大学医学部でMBSR（マインドフルネスに基づいたストレス低減法）という八週間の現代的プログラムを作り上げた。

こうして、EBMにつながる科学的検証性に基づいたアプローチによって医療や心理療法などの領域で幅広く取り入れられるようになったマインドフルネスは、二六〇〇年前にブッダが説いた仏教瞑想のsati-paṭṭhāna（念処：気づきの確立）をルーツに持つ。

Satiは、ブッダが話していた言葉に近いとされる古代インド口語のパーリ語で、思い出すという動詞の名詞形である。日本に伝えられた漢訳仏教では「念」と訳されてきた。「思い出すこと、忘れないようにしておくこと、今ここで何が起こっているかに気づいていること」を意味するsatiが、英語でmindfulnessと訳されて定着したのは二〇世紀冒頭になってからのことであった。カバットジンは、このマインドフルネスという言葉に仮託して、さまざまな苦しみを癒す伝統的な瞑想実践を現代的に再構築したのである。

安心電池という贈り物

マーラーの発達論において再接近期から対象恒常期の子どもの心の中に形成されてゆく、卵の黄身のように図示されているものは、母親とのよい体験による安心感であり、筆者はそれを安心電池と呼ぶことにしている。安心電池がいっぱいになっていると、子どもは母親を離れて世界を探検することができるが、電池が空っぽになってくると、子どもは充電してもらうために母親のもとに駆け戻って来る。

このときに大切なことは、タイミングを逃さずに抱っこしてあげることだ。すると安心電池はすぐに充電されて、子どもは抱っこを振りほどいて、また世界探検に出かけてゆく。ところが、母親が何か他のことに気を取られていてタイミングを逃してしまうと、子どもは機嫌を損ねてしまい、修復するためにお互いに苦労することになってしまう。また、この時期に親が見捨てを武器にして子どもを支配することが多いと、子供は成長してから安定した人間関係を持ちにくい性格傾向になってしまうと考えられている。

しっかりとした安心電池が持てるようになるということは、安定して外の世界を認識することができるようになるということであり、同時にそれは母親の不在に耐えられるようになったことの証でもある。こうして子どもは、人生には善いこと（よい母親の存在）も悪いこと（よい母親の不在）もあるが、その両方があっても大丈夫なのだということを学んでゆく。これは、好き嫌いに代表される感情的なアンビバレンスを統合して受容してゆくための土台となる。

私たちはこうして、ウィニコットの言う脱錯覚への道のりを歩きはじめる。そしてそのためには、母親（的養育者）とのよい体験を内在化したものとしての安心電池がなくてはならない。安心電池は、この世をよりよく生きてゆくための必需品であり、それは母親という他者からの贈り物なのである。

鏡像段階から

ラカン（1972）は、生後六か月くらいから一歳半くらいまでの間に、子どもが鏡に映った視覚映像を自分だと認識し始める現象を鏡像段階と呼んだ。視覚情報が生命個体の成長にどのような影響を及ぼすかについて、ラカンはハトの生殖腺の成熟や、トビイナゴが個棲型から群棲型へと変わる系統上の移行を挙げている。人間の場合には、それまで身体の各部をバラバラに認識することしかできなかった状態から、全身を一つの統一した個体として認識できるようなステージへの心理学的な進化が推測されるとラカンは述べている。そしてこうした変化は、言語を獲得する過程において重要なステップをなしているようである。

さて、鏡像段階において一般的に見過ごされているように思われる二つのポイントを挙げておこう。一つは、鏡に映った自分の映像情報を意識した子どもが、あたかも「お母さん、これわたし？」と問いかけるかのように母親をふりかえる現象である。そのとき母親が、にっこりとほほ笑んで「そうよ、それがあなた（の姿）なのよ。可愛いわねぇ……」と子どもに応えてあげることは成長のための大きな後押しになる。

二つ目は、子どもがその視覚情報に同一化した瞬間、それまで感じていた身体感覚の一部が、置き換えられてしまうかのように、消えてしまうという現象である。これは、成長した私たちが、言葉で「これが本当の自分だ」と説明した瞬間、大切なものが抜け落ちてしまうように感じることの原因となっているものである。すなわち、私たちは、命の実感の一部と引き換えに、視覚情報や言語情報と同一化して、仮想的な情報をやり取りできるステージへと進んでゆく、その最初の瞬間なのである。

分節化のもたらすものとして

これは言語の分節化という働きに深くかかわっている身体感覚の深層でもある。私たちは言葉によって、何か一つのイメージなり意味なりを、命の全体性から切り取って明確化して、情報としてやりとりできるようにしている。「この世」も「あの世」も、そうして言葉によって切り取られた命の全体性の一部分なのだ。

こういう視点からすると、この世とあの世というテーマは、自分と他者との関係性の中で展開してゆく仮想現実の一部として位置付け議論してゆく必要があることが浮かび上がってくる。そしてそのためには、主観と客観の成立過程を含めた間主観性に関する観察と議論が必要になって来るであろうことが推測される。

マインドフルネスにおける間主観性

ブッダの説いたマインドフルネスの教えが最も総合的にまとめられているのが『念処経（Satipaṭṭhāna-sutta：気づきの確立に関する教え）』である。この経典には、呼吸をはじめとする観察対象が、身体、感受、心、法（心身相関現象とその法則性）という四領域に分類された一三グループに整理されている。

一、身体：①呼吸、②姿勢、③日常動作、④身体部分、⑤地水火風の要素、⑥死体の崩壊プロセス

二、感受：⑦快・不快・中性の身体感覚

三、心：⑧貪瞋痴に染まっているか否か、散乱しているか集中しているか、こだわっているか解放されているか

四、法：⑨五蓋（心を曇らせる五要素）、⑩五蘊（人間存在を構成する五つの集合体）、⑪六感覚処、⑫七菩提分支（悟りに導く七要素）、⑬四聖諦

そして、呼吸をはじめとするすべての瞑想対象を、①自分の中にある呼吸、②他者という外にある呼吸、③自他の間にある呼吸という三つの視点から観察するように説かれている。筆者（井上、2013）はこれを①主観的観察、②客観的観察、③間主観的観察と呼んでいる。

ブッダはなぜ、このような三つの観察視点に気づき、その必要性を推奨したのだろうか？　他人の呼吸を観察したり、自他の呼吸を観察したりすることは、どのような仕方で実践し、何の役に立つのだろうか？

筆者は、ビルマでのヴィパッサナー瞑想と経典学習の中でこのテーマに出会い、ライフワークのようにして探求してきたのだが、その探求を支えてくれたのは西洋で仏教瞑想を教えていた時に出会った心理療法家たちであった。「間主観性」という言葉を教えてくれたのもプロセス指向心理学を創始したA・ミンデルであった。

こうして間主観的観察の大切さについて探求してゆく時に重要になる情報は、非言語的なコミュニケーションであり、フロイト的であれユング的であれ、精神分析的なアプローチをするときの注意の向け方についての学びであった。

平等に漂わされる注意

フロイト（1983, 79.）は精神分析を成立させる注意の向け方について、「平等に保たれ自由に漂わされた注意力」という表現をしている。善悪の価値判断に左右されることなく、自分の内面に起こっていることであれ、クライアントについてのことであれ、必要な所に自然に向かうことができるような心の向け方である。

ただ、フロイトはこうした注意力の大切さについて述べることはできたが、どうしたらそうした注意力を訓練することができるかについては説明することはできなかった。筆者は、マインドフルネスのトレーニングこそが、あらゆる心理療法を成立させるこうした心の向け方の育成法だと実感している。

「あの世」に関する考察に寄せていうならば、「あの世」に関する情報が、今ここで、過去からの情報と融合できるような傾聴を可能にするような心の向け方である。

反復強迫と隠蔽記憶

フロイト（1970, 52.）は、言葉で思い出せないことが無意識的な行動によって繰り返されていることを反復強迫と呼んだ。これは仏教の無明に対応する精神分析の用語である。そして、「私」たちには何かを思い出して語ろうとしながら、反対にそれを隠すために言葉を選んでしまう傾向があり、そのようにして語られた記憶をフロイト（1970, 29.）は隠蔽記憶と呼んだ。

精神分析家の仕事は、患者が隠蔽記憶を語ってしまっている状態に気づけるように、患者との間に善悪を決めつけることのない安心できる広大なスペースを提供することであり、それを可能にするのが「平等に保たれ自由に漂わされる注意力」なのである。

そのような環境の中で、クライアントは真実にふさわしい言葉を見つけ、語り、受けとめられる体験を通して、隠蔽記憶に気づき、真実につながる言葉を見つけ出して反復強迫から解放されて、癒しのプロセスを歩んでゆく。

連想実験からコンステレーションへ

ユング（2000, 107-128.）は、言葉の連想実験から、親から子への世代間伝達を媒介するのは、子どもが親の身振りや息づかいを無心にまねることの中で言葉や感情を学び取ってゆくことであることに気づいた。そして、親の無意識的な感じ方や行動パターンが子どもへと伝わってゆくことをコンステレーション（布置）という言葉で呼んだ。Constellation は星座を意味する言葉である。私たちは家族という星座に生まれ落ちて、その中で身振りや表情や息づかいを繰り返し真似しながら、感じ方や行動のパターンを身につけ、言葉を学んでゆくのである。

ユング派の教育の中では、クライアントに合わせて言葉を選び、連想実験をしてもらい、その時の反応の様子を詳しく観察する。コンプレックスを刺激する言葉に出会ったときの反応の遅れや、表情の変化を細かく見てゆくことが、セラピストとしての基礎を培ってゆく。これは、フロイトが精神分析に必要とした注意の向け方について、別な仕方でトレーニングをしてゆくプロセスになっている。

ミラーニューロン

間主観的観察の重要性を説明するためには、一九九六年にイタリアのチーム（リゾラッティ・2009）が発見したミラーニューロンの働きが大きな助けとなってくれる。自分がある動作をするときに働いている脳の神経細胞は、他人が同じ動作をするのを見た時にも活動する。マカクザルに餌を取る動作をさせて、その時に発火している神経細胞の活動電位を調べている時、たまたまスタッフが、サルにさせているのと同じ動作をサルの目の前で行ってしまったアクシデントから発見された。映し合うように働くミラーニューロンの発見は、模倣、共感、言語の習得、心の理論の獲得などとの関連性において研究が進められている。

進化の過程でミラーニューロンが出現してきた背景には、鏡像段階についてラカンが述べていたような昆虫の個棲型から群棲型への移行や擬態において視覚情報が活用されてきた流れがある。命の危機に遭遇した際に、闘うか逃げるかという選択肢に加えて、死んだふりをするという対応パターンが加わり、社会性を持った昆虫の神経系の中に組み込まれた。

主な生命活動をシャットダウンして死んだふりをするというのは、環境の一部になってしまうという擬態にも通じ、視覚的に「あの世」の姿を演出することにもなっている。死んだふりをする方も、それを見る方も、生命活動に必須となる捕食の瞬間を、それぞれに映し合いながら通り抜ける新たな体験の仕方が記憶されたことになる。

そしてこの解釈は、瞑想の集中力によって呼吸を中心とした生命活動のレベルが低下した仮死状態を作り出そうとする努力についての新しい視点を提供してくれる。ブッダが断食と息こらえによる極限状態での苦行から離れていったのは、死んだふりをすることではこの世とあの世の領域を超えてゆくことはできないことを悟ったからだと思われる。

雑念への対応法——気づきの作法

どんな瞑想法においても、宗教的な祈りや修行においても、呼吸やマントラなどの心を向けているべき主要対象から心がそれてさ迷ってしまう時がある。それはあたかも、身体は今ここの「この世」に生きているのに、それを忘れて心が「あの世」にさ迷い出てしまうような体験と言うこともできるだろう。雑念と呼ばれる状態にどのように関わってゆくかは、マインドフルネス瞑想において最も大切な要素であり、トレーニングのポイントである。

筆者は、雑念に対する対応法を①気づく、②感じる、③整えて戻るの三つのステップに分けて「気づきの作法」と呼んでいる。雑念に囚われていることに気づいたら、まずはそのことを自覚する。その時に、「考えていた」、「不安だ」、「嬉しい」などと、言葉で確認してみることが役に立つ。最初のうちは、雑念に囚われてしまったことを「またやっちゃった……」などと後悔したり、「駄目だなぁ……」と自分を責めていたりすることが少なくないので、そのことを「責めている」と確認できることは、大切な出発点になる。

自責の念から学ぶ

気づいた瞬間に自分を責めてしまう習慣は、たいていは超自我と呼ばれる両親から受け継いでしまった価値観の働きである。この習慣を自覚して解放されてゆくことは、自分自身が今ここの「この世」にしっかりと根を下ろして生きるために必要なステップである。こうして超自我から解放されることは、無意識的に内在化させてしまった他人の価値観から解放されることであり、ありのままに見つめるために必須の第一歩となる。

見方を変えてみると、私たちを見張っている超自我は、あの世の両親からの縛りを受けとめ貯蔵しておく中継基地のような働きをしているのかもしれない。雑念に囚われていたことに気づいた時の自責のパターンを見つめてゆくことは、超自我という中継基地の構造を解明し、両親が大切にしていたと同時に縛りつけられていたものを感じ取り、そこから自由になって今ここの自分の身体で感じているものを充分に味わってみるための基礎作りになる。

身体で感じること

次は、囚われてしまった雑念によって、この身体のどこにどのような影響を受けているかについて、丁寧に感じてみる。肩に何かを背負ってしまったように感じる場合もあるだろうし、歯を食いしばっているかもしれないし、手に汗を握っているかもしれない。

ラベリングをして言葉で確認することは、その雑念を認識することにはなるが、しっかりと受けとめることには足りていない。場合によっては、知的防衛として、ラベルを貼ることでそれ以上感じることを拒否している場合も少なくない。身体で感じることは、その雑念を受けとめるためには欠かすことのできないプロセスなのだ。

では、なぜ雑念を受容しなければならないのだろうか？　雑念を受容することは雑念に支配されることではない。逆に、私たちが雑念を否定し抑圧してしまえば、それが何かをよく知ることはできないし、潜在化してしまった雑念は知らないところから分からない仕方で私たちを支配するようになってしまう。雑念から支配されてしまわないようにするために、雑念を受容するのである。

雑念を身体で感じる際のコツは、「胸のあたりで」とか「眉間のあたりで」と、身体の部分を特定して、「キュンとする……」とか「緊張してしわが寄って……」とかいうように具体的に、しっかりと感じ取る。そしてできれば、それがどのように変化しているのかを見つめることができるようになるとよい。

このように身体で感じ取ることは、感情を受けとめるための基盤となるだけでなく、その変化を見つめることによって、無常理解につながり、トラウマケアに向けた第一歩になってくれる。

自分への優しさを養う

雑念を身体で感じとって、その移ろいも見つめることができるようになったら、今度は、呼吸などの瞑想の主要対象に、ゆっくり、しっかり、優しく戻るようにする。胸を開いて、肩の力を抜いて、背筋が自然に伸びて、開かれた真っすぐさを確認する。考える人、悩む人、囚われた人の姿勢から、自然体で呼吸を感じることのできる姿勢に整える。ある意味で、これは身体をアンテナとして使いこなすための準備である。

それから、ゆっくり、しっかり、優しく心を呼吸に連れ戻す。嫌がって泣き叫ぶ子どもの腕を強引に引っ張って連れ去るようではなく、「こっちに行こうねぇ」と優しく誘うような感じである。この優しさが、自分自身を大切にする心につながってゆく。

雑念は本当の自分からのサインかもしれない

気づきの作法が身についてくると、雑念は邪魔者という感覚が消えてゆく。何かの理由があって、何かを伝えにやって来てくれたもの。本当の自分からのメッセージ。魂からのＳＯＳのサインのように思えてくることもある。それまでは、見たくないもの、認めてはいけないものとして押し込めていたものを、自分の一部だと認める準備が整ってきたような感覚である。

その感覚があるからこそ、気づかれ、受容された雑念から呼吸に心を連れ戻してゆく際の優しさが、自分自身への優しさへとつながってゆくのである。

雑念劇場

こうしたことを瞑想修行者たちに実感してもらいやすくするため、筆者は雑念劇場というエクササイズを考案した。

1. 二人一組になって、一人が瞑想者役、もう一人が雑念役になる。
2. 瞑想者役は、気になる雑念を想像して、その雑念について雑念役の人に説明する。
3. 瞑想者役は集中して瞑想している様子を演じ、雑念役は、先ほど聞いた説明に基づきながら、創意工夫して瞑想者に働きかける。
4. 雑念役からの働きかけを受けた瞑想者役は、雑念へのいつもの対応を思い浮かべながら、雑念役の演技に対して身体的な動作で自分の対応パターンを表現してみる。
5. 役割を交代して、雑念の働きかけと、瞑想者の対応を演じてみる。
6. 雑念を打ち払ったり、無視したりするのではなく、雑念をしっかりと見つめ、雑念に触れながらも振り回されることなく、雑念の伝えようとするエネルギー情報を感じ取り受容できるようなやり取りについて話し合ってみる。そしてもう一度、役割を交代しながら二人で創造的に演じ探求してみる。

こうした瞑想遊びを通して、次のようなことが明らかになって来る。

①雑念と呼ばれる感情や思考は、自分自身の一部である。

②雑念に対する関わり方は、他者に対する関わり方の基盤となっている。
③雑念への関わり方に内在する攻撃性は、自分自身に対する攻撃性としても働いている。
④雑念に対するほどよい関わり方ができると、自分自身に対しても優しくなれる。
⑤雑念への関わり方には、超自我（内在化された両親の価値観）が深く影響している。

こうして、雑念だと決めつけて排除してしまっていたものを、自分の一部として回復して再統合することができると、「この世」と「あの世」の見え方が変化し、その往来の仕方も変わってゆく。

見張ることから見守ることへ

呼吸を見つめようとすると、呼吸をコントロールしようとしてしまい、上手く呼吸できなくなってしまうタイプの人がいる。私たちには、知らず知らずに見張ってしまう癖があるようだ。マインドフルネス瞑想が軌道に乗った時には、その見張り癖が消えて、見守ることができるようになる。すると、吐く息を感じながら「どこまで吐くのだろう……」と見つめているうちに、吐ききる時の胸のあたりの筋肉の動きを追いかけながら、息苦しさを感じてきて、自然に身体が息を吸い始めてくれる。それはストレッチしている時のイタキモを感じ取るような感覚に近いかもしれないし、呼吸を身体に委ねていられる安心感に気づく体験であるかもしれない。

こうして見守ることができるようになってみると、見張り癖は、いろいろと細かなところまで指図して支配してきた養育者の癖や価値観などを知らないうちに身につけてしまっていたことに気づくようになる。そうやって頑張ってきたことで身についたこと、成し遂げたこともあるだろう。しかし、見守ることができるようになってみると、その自由さ、優しさ、寛容さは何物にも代えがたく思えてくる。不必要なエネルギー消費が無くなって、瞑想や生き方が軽くなるような感じがするかもしれない。これも、「あの世」から解放された感覚のひとつであろう。

「私」が抜け落ちる時

こうした体験を積み重ねながら、吸う息吐く息の始まる様子、変化してゆく様子、終わる様子を見守りつづける。一回一回の呼吸には長さや短さ、深さや浅さの違いがあり、すべてが一期一会であることが身にしみて感じられる。そして、その呼吸の違いの奥には、命を構成する植物的な要素と動物的な要素の絡まり合いがあることに気づいてゆく。

植物的な要素とは延髄系の支配によって内蔵が一定のリズムで生命活動の基盤を奏でているリズムであり、動物的要素とは大脳皮質の支配によって感覚し意図し身体を動かしてゆく強弱の効いたメロディーのようなものである。

こうして安静にしている時、仕事や動作をしている時、コミュニケーションしている時などの呼吸の変化を見守り続けていると、呼吸の発生には、「私」という思いが必ずしも必要ではないことに気づく。「私」が一々指図しなくても、その時々の状況や浮かんでは消える思いに従って呼吸はなされてゆく。こうして「私」という主体観念を介さずに、呼吸そのものを自覚し体験することを経典では「呼吸だけがある」と表記している。

こうして「私」が抜け落ちて呼吸そのものが感じ取られる洞察体験は、感情や思考などにも応用されてゆき、「怒りだけがある……」、「思考だけがある……」と深められてゆく。これが『念処経』に伝えられる最も原初的な瞑想体験としての無我や空の体験様式であり、表現である。

誰のものでもない洞察とネガティブ・ケイパビリティ

キーツの「ネガティブ・ケイパビリティ」（帚木, 2017, 37.）という考えを発掘した精神分析家のビオン（2002, 303.）は、考える人を必要としない、誰のものでもない洞察が最も深い洞察であり、精神分析が必要とする注意の向け方であると述べている。欲望や記憶から解放されて、誰のものでもない注意を向けてゆくことは、作り物や嘘から解放された思考や感情そのものに出会うことを可能にする。それは、直面しがたい自らの真実に向かい合う時の、頼りなさ、あいまいさに耐えながら（ネガティブ）、そこにしっかりと心を向けてあることを可能にする（ケイパビリティ）心の向け方であり、創造性の基盤になるものでもある。

誰でもなくなった時の「あの世」と「この世」

そうであるからこそ、ブッダの言う無我や空を体現した心の保ち方は、「あの世」と「この世」

という分断された二元論的な世界の見え方を超えて、今ここで「あの世」と「この世」をともに捨てる、と同時に「あの世」と「この世」を共に生ききることのできる心のあり方を可能にする。

三明について

経典で解脱に至るプロセスが語られる定型句に登場することの多い「三明」と呼ばれる三つの洞察智がある（藤本, 2012, 82-83.）。①過去生を思い出す智慧（宿住念智：pubbenivāsanussati-ñāṇa）、②死と再生のプロセスを見る智慧（死生智：cutūpapatti-ñāṇa）、③漏れ出る煩悩を根絶する智慧（漏尽智：āsavakkhaya-ñāṇa）である。

シッダッタ菩薩が菩提樹の下に坐って「解脱するまでこの座を立つまい」と決意して瞑想を始めると、悪魔は自らの領域から出ていってしまわれることを恐れ、誘惑や恐怖によって妨害を始める。仏伝によると、慈しみの心でそれらを受けとめると悪魔の攻撃は花となって散り、母なる大地のエネルギーが悪魔の軍勢を流し去った後で、菩薩は夜の一〇時ころまでに多くの過去生を思い出し、真夜中に死と再生のつながり方を見て取り、二時ころから夜明けにかけて「私」という仮想現実を超えて煩悩を根絶する智慧を得たという。

宿住念智と死生智は、「この世」と「あの世」とが二元論的に存在する「私」によって生きられる世界の見え方による智慧である。漏尽智は、「あの世」と「この世」を内包する「私」の虚構性が洞察されて解脱がもたらされる智慧の本質的中核をなす。宿住念智と死生智のレベルから漏尽智に至るには、「私」という仮想現実を脱構築するために大幅な解像度の増大が必要になる。十二縁起や二十四縁にまとめられた教えは、その解像度で見えてくる「私」という夢幻の発生と超越に関する説明である。

漏と宇宙の始まり

漏（āsava）とは、漏れ出る煩悩とも、漏れ入る煩悩とも解釈される（榎本, 2012, 50.）。木製の船に自然に漏れ入ってくる水の喩えもあるし、私たちの心から欲望や怒りが漏れ出てゆくように感じることもある。入って来るにせよ、出て行くにせよ、漏れるという表現には、境界を通したいのちの双方向的な流れが想起させられる。

おそらくこれは、生命現象が発生しているギリギリのところで感じ取れる表現なのだろう。経典では「無明の原因は漏であり、漏の原因は無明である」と漏と無明が相互依存的に等置されることがあるが、それは、「それ以上知ることはできない」という限界の表現でもある。そこで、分かったつもりにならないこと、分かったふりをしないことの大切さだ。

このことは、インフレーションとビックバンによる宇宙の発生について私たちが知ることのできる光学的限界が、宇宙誕生から四〇万年くらい経った頃に光が脱出できるようになった時の宇宙マイクロ波背景放射であることに類似している。それ以前のインフレーションの真っただ中にある宇宙について知るためには、加速した微細な粒子同士をぶつけて観察する量子論的な実験と考察に縁

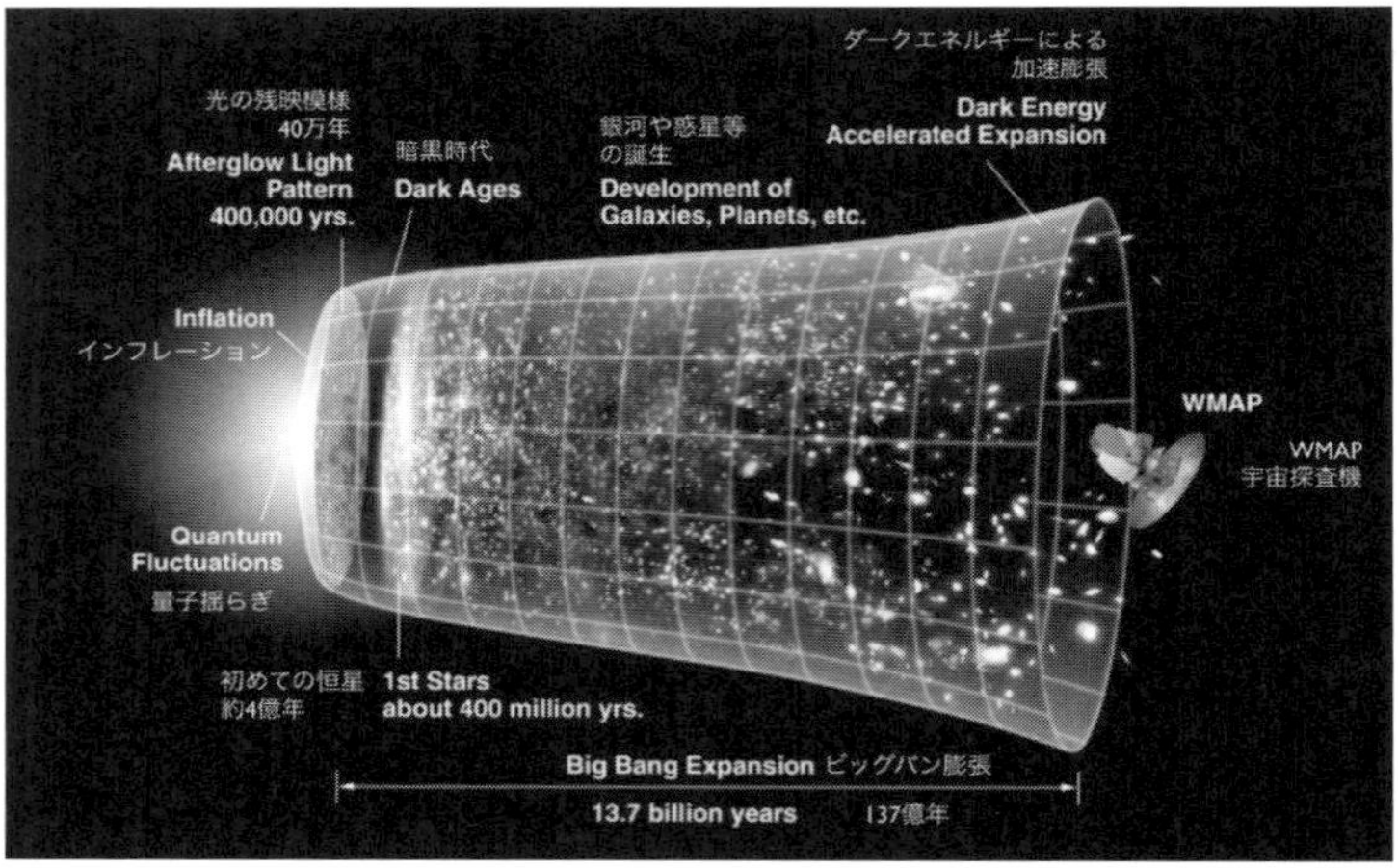

宇宙のタイムライン（NASAによる資料、©NASA/WMAPサイエンスチーム）

るしかない。

量子力学の起点となる不確実性と、素粒子の対生成におけるエンタングルメント（絡み合い）による非局在性は、極微の世界について物質的に知ることが可能になる瞬間に姿を現してくる法則性と風景であるが、それらは宇宙の始まりを知ることはできないことの科学的な表現なのかもしれない。

生命維持心

「私」という仮想現実は、言語を媒介として、あの世とこの世などの二元性を構成基盤とする。アビダンマ仏教心理学は、その「私」という生命現象を最も深層で支える心の働きを「生命維持心(bhavaṅga-citta：有分心)」（井上, 2012, 39.）という言葉で想定した。これは、表面的な自我意識が働いていない熟睡した状態で生命活動を支えている最深層の心である。後代の大乗仏教の展開においては阿頼耶識として議論されるようになった心のプロトタイプである。

　生命維持心は、受精の瞬間（結生心：paṭisandhi-citta）と死ぬ瞬間（死心：cuti-citta）という人生の両端にも働く。人生の最初と最後の瞬間と、それらをつなぐ生命活動の最深層を支える同じタイプの心があるという観察である。生命維持心を認識できる人の多くは、ぼんやりとした光のような状態という表現をすることが多い。それはおそらく、バイオフォトンと呼ばれる原初的な生命活動の発する光量子に近いものだろう。ブッダが「心は輝いている」（浪花, 2016, 12.）と言ったのも、そうした現象を指してのことだと思われる。

相互看病と看取り

　さて、その生命維持心の発生を支えている原因は何かについては、アビダンマで「臨終心路」と呼ばれる、死の直前の意識状態の観察がなされていた。ブッダは、家族を離れた出家修行者たちがお互いの世話をし合い看病し合うことを、マインドフルネス瞑想の重要な臨床実践として推奨していた。そこでは看取りを含めた相互ケアが実践されていて、死ぬ前のまだ意識的な会話ができる時に「瞑想の境地はどこまで進んでいましたか？」というやり取りがおこなわれていたことが、経典の記述（A.N.V.87-88.）から読み取れる。

　一切の生産活動に携わらず、解脱のための修行にすべてを奉げることができるような出家としての生き方をさせてもらってきたことへの、当然の振り返りでもある。

臨終心路

看取りの実践においては、死の直前に何かを回想しているような状態が認められる。呼吸は不安定になり、何かを見ているかのように眼球が動く。走馬灯を見るように人生を回想すると言われている現象である。おそらく出家修行者たちもお互いの看取り活動の中で、こうした現象を深く観察することによって「臨終心路（maraṇa-āsanna-vīthi）」（井上, 2012, 138.）という概念を見つけ出したのだろう。

臨終心路では、次の生涯を決める、その生涯で一番大きな力を持つ業が思い出される。具体的に思い出されるイメージは①業そのもののイメージ、②その業を象徴するイメージ、③次の生涯のイメージのいずれかに分類される。そして、これらのいずれかが思い出された時、それを今ここで起こっているかのように思い込んでしまうことによって業のエネルギーが次の生涯へ転送される。

転送される先は、臨終心路の直後に生じる死心を挟んで、次の生涯の最初の心（結生心：受精する瞬間の心）に収縮して、その後は生命維持心として働き続ける。すなわち、私たちは、前の生涯で行った業を無意識の奥底で繰り返し思い出しながら今回の生涯を生きていることになる。

解脱した人は、そのイメージが思い出された時に、巻き込まれてしまうことなく、想起現象として生起し変化し消滅してゆくプロセスを見守っていることができるので、業のエネルギーは転送されることなく、輪廻転生することなく、そこで消えてゆける。

真理と方便と思いやり

真理を悟って解脱する人は、「私」という仮想現実を脱構築することができる。しかし、解脱して輪廻を超えたからといって「私」という言葉を使わなくなるわけではない。それまでと同じようにして「私」という主体観念や言語を使って死ぬまで周囲の人たちとの交流は続いてゆく。ただ、その中であの世やこの世に対する執着や不安が無くなり、「私」という仮想現実に付きまとう生老病死の苦しみの物語に支配されなくなる。換言すると、「私」という仮想現実のよりよい使い方にめざめて、必ずしもうまくいかない試行錯誤を楽しんでゆけるようになる。

ブッダは『慈しみ経』（中村, 2005, 37-38.）を次のような言葉で始めている。「利益に巧みな人には彼の究極の静寂なる涅槃を実現して為すべきことがある」。そして、「この慈しみの念をしっかりと保て」と諭している。日本語では加持と訳される原語 adhiṭṭhāna は、しっかりと保つことを意味する。

夫婦や親子関係をはじめとする人間関係の中では、心は様々に波を立てて揺れやすい。愛憎の両極で揺れ動く心を見守りながら、思いやりの方向を忘れないように波乗りすることができるようになること。そのためには、生と死の間で様々な波に揺られる人生を巧みに波乗りして渡ってゆく智慧が必要なのだ。

言葉の上で真理をもてはやすのはたやすい。だがしかし、自らの真実に向かい合う時の痛みに耐えられる人は少ない。だからこそ、それぞれがそれぞれに合った仕方で自らの真実や真理に向かい合うことができるように、思いやりに満ちた環境を準備してゆくことが必要になる。方便（upāya: upa 近くに + aya 行くこと）とは、そうしたアプローチが可能になる様に、思いやりに満ちた陰ながらの支援を続けてゆく心がけなのである。

第二部　ディスカッションを終えて

第五章　あの世とこの世を貫くダンマ・セラピー

石川勇一

（1）他界心理学のご提案

森岡正芳先生は、自然科学において排除されてしまった「死」、「魂」、「心的現象」の視点を取り戻し、「生者と死者の絆・共同体」、「人間の世界と神の世界の往還」、「意識主体の成立以前に立ち戻る」、「死と再生」という心理臨床において重要なテーマを掘り起こして下さいました。井上亮創案の「他界心理学」の可能性を探る試みについても触れられ、この世とあの世の不整合や断絶が病の一因ではないかというご指摘は、私の心にもまったく自然に染み込んで参りました。今後、客観主義、実証主義、エビデンス主義に傾斜した公認心理師が広がったとしても、元々「死の床」を意味する臨床（クリネー）の原点を決して見失ってはならないとあらためて感じた次第です。実践の学である臨床心理学は、客観的で表層にある心の意識的世界と、無意識も含む主観的な心的世界、そしてこの世とあの世の境界を自由に行き来できるものでなければ、悩める人間の援助の実際においては硬直したものとなり、明らかに力量不足となるでしょう。人間の心は、意識化可能な表層意識や馴染み深いこの世だけに限定された存在には決してとどまっていないからです。

シャーマニズムを体験して、他界心理学の構築を手がけられた井上先生が、若くしてお亡くなりになられたことから、森岡先生はシンポジウムの後に、シャーマニズム体験の発表をさせていただいた私に対して、「石川さんは死なないですよね」とご心配くださいました。そこで、シャーマニズムの体験は人それぞれなのですが、それが一般的にどのような意味をもつのか、あるいは危険性があるのかということについて、ここで少し触れさせていただきたいと思います。

(2) シャーマニズムの治療構造

シャーマニズムの体験内容は、第一章の最後に少し触れました通り、セットとセッティングによって決まります。セットとは、参加者の準備状態のことであり、体調、動機、真剣さ、純粋さ、気づきの力、理解力、求法心、菩提心などが含まれます。セットが十分に整っていると、シャーマニズムの体験は深遠で意義深いものとなりやすいですが、セットが不十分であれば、体験は浅薄であまり意味のないものに終わる可能性が高いのです。

もう一つの重要な要素はセッティングです。セッティングとは、シャーマニズムが行われる環境やルールのことです。具体的には、シャーマニズムが行われる場所、時間、プログラム、取り決め、宗教的背景、シャーマン、参加メンバー、風土、気候、動植物、物質、霊的存在(暗い存在、明るい存在、精霊、神々)などが含まれます。シャーマン、参加者、霊的存在は、それぞれ個性があり、それぞれの知性、性格、統率力、理解力、経験、信念、霊性、体調などが、儀式の場全体に影響を与えます。

このようなセットとセッティングすべてがシャーマニズム体験に影響を与える要因となります。仏教的にいうとシャーマニズムの縁起です。アマゾンのシャーマニズムは、たいていジャングルの奥深くで行われることが共通していますが、私はさまざまなシャーマンの取り仕切る儀式に参加したので、シャーマンによって私の体験が大きく影響を受けることを実感しました。シャーマンやそこで作られている場に私が十分な信頼感をもてないときには、警戒感があるのか理性が強く働き続けてしまい、プロセスに身を委ねることができず、あまり深い体験が起こらないのです。一方で、シャーマンが信頼できると感じられると、想像を絶する体験が起きました。

これは心理療法とよく似ています。セラピストとのラポールが、どのような心理療法においても効果に大きな影響を与えることは周知の事実ですし（Lambert, M. J., 1992）、集団療法の場合は、その場の性質が個々の参加者に大きな影響を与えるのと同じなのです。

近代心理療法の嚆矢である精神分析は、フロイトが治療構造（治療の場所、時間、ルール、契約等）を設定することによって確立したといっても過言でありませんが、シャーマニズムにおけるセッティングは、心理療法の治療構造に相当すると考えられます。

心理療法の効果に対して、クライエント個人の動機や資質が大きな要因であることは疑う余地がありませんが、シャーマニズムにおいても参加者の動機や資質、つまりセットが決定的に重要な要因となっています。ですので、シャーマンの儀式に参加したといっても、セットとセッティングによって体験は大きく異なるのです。

(3) シャーマニズム体験の特徴

このようなセットとセッティング、参加者の準備状態やリソースと治療構造が整ったとき、人間は通常の限界を超えて、シャーマン的な世界に旅立つことができます。シャーマニズムの体験は人それぞれですが、一般的な特徴もあります。

第一の特徴は、意識と無意識、顕在意識と潜在意識の境界が弱まり、何も隠せない世界に突入することです。抑圧していた記憶、感情、忘却していた体験などが、パンドラの箱を開けたように解放されます。これは他に類を見ない強力なカタルシス（浄化）になりますので、心理療法的な効果は抜群です。

第二の特徴は、内と外、自己と他者の境界が弱まり、渾然一体の世界に突入し、時には混乱し、時には強烈な一体感を経験します。人、動植物、霊、神などとの一体感を味わい、いわゆるラブ・アンド・ピースに浸ることもあります。憑依も一体感の一例といえます。心理学的にいうと、自我境界（ego boundary）が弛緩するということであり、精神病的な体験ということになりますが、シャーマニズムではそれを健康な状態で味わえるということです。私の場合は、精神病様の苦しいシャーマニズム体験をしたときにも、自分自身に対する明晰な観察力は失われることなく継続していました。

第三は、この世とあの世との境界が弱まり、霊的存在に出会ったり、異次元の世界を体験するということです。私の場合は、多くの精霊に出会ったり、大きな霊鳥に導かれたり、暗い世界や明るい天界などの複数の世界を体験しました。仏教的にいうならば、餓鬼界や兜率天を垣間見たのです。

（4）シャーマニズム体験の心理的・霊性的な効果

以上のように、シャーマニズム体験においては、あらゆる境界が弛まり、あるいは崩壊し、通常は感覚器や理性によって見ることを制限されていた真実の世界を垣間見ることができます。ユング心理学的な言い方をすれば、全体性へと意識が拡大するのです。表層的で小さな自我意識の中で生きている人にとっては、狂気の世界にしか見えないのですが、真正のシャーマニズム体験をすると、そのような生き方がまさに井の中の蛙であったことに気づかせてくれるでしょう。

そのような意味で、私は心理療法家の自己研鑽として、教育分析、スーパービジョン、事例検討会への参加だけではなく、シャーマニズム体験を加えるとよいと主張しています（石川、2016）。シャーマニズム体験は、どれだけ学術研究を積み重ねても、体験しなければ分からないことがあまりにも多いからです。正しいシャーマニズムを体験できれば、シャーマニズムという狭い領域の経験にとどまるのではなく、心の成長や意識の拡大へと発展する可能性があります。その結果、心への理解が深まり、世界の成り立ちに対する理解が促進され、心理療法家であればよりとらわれのない、本質的な対人援助ができるようになると思われます。統合失調症者の心的世界の理解や、スピリチュアル・エマージェンスやスピリチュアル・エマージェンシーに対する理解も深まるでしょう。

心というものは、意識もあれば無意識もある、表層もあれば深層も高層もある、客観化できる部分もあれば主観的な部分もある、統制できる部分もあれば統制困難な部分もある、この世にもあの世にも交流がある、そのように捉えがたいものです。しかも心は固定化されたものではなく、一瞬一瞬変化しています。このような心の実相を捉える方法として、シャーマニズムは卓越していると思います。

(5) シャーマニズムの危険性と自我が打ち砕かれることの意義

シャーマニズムは強力な治療効果・教育効果が望める一方で、強度が高いために、心の準備ができていない人、固定観念の強い人にとっては、心を混乱に陥れる危険性があります。シャーマニズム体験を生かすためには、パンドラの箱が開けられた後、それらを受け入れ、理解し、再統合する能力が必要であるように思われます。シャーマニズムの心理的効果についてはすでに多くの学術論文があり、肯定的効果が実証されていますが、どのような人にとって危険なのかは、あまり研究がありませんので、今後の課題かもしれません。シャーマニズム体験は、自我を打ち砕くプロセスが起こりやすいのですが、逆説的に、自我が脆弱な人は避けた方がよいのではないかと私は感じています。自我の死と再生のプロセスが起これば良いのですが、経験の再統合による再生が起こらないと危険だからです。世俗世界で生きていくためには、仮象であっても機能的な自我が必要です。

とはいえ、アマゾン・ネオ・シャーマニズムの治療構造は実によくできているので、セットとセッティングが整っていれば、かなり強度の負荷がかかる体験が起きても安全であることが多いように思われます。安全ばかりを求めると見失うものが大きいことに注意を払う必要があります。覚りに向かうためには、強い力で自我が徹底的に打ち砕かれることこそが意味深い体験になり、後で振り返ると最大の恩恵だったことに気づくことが多いのです。

(6) 非日常的体験の学術的研究の意義

鈴木康広先生からは、死の予知、夢、死者との交流に関するユングの記述を豊富に紹介していただきました。これらの具体例を伺いますと、今回紹介させていただいた私の父の死の前後に起きた一連の体験と、多くの共通点があることがわかります。ですので、私にとりましては非常にリアリティをもって受け取ることができました。

興味深かったのは、「死者たちは、新しい死者がもたらす生活体験に非常な興味を示し」、「地上にいた間に見出せなかったことについて学びたいとの希望と期待をもっていた」という事例がいくつか紹介されたことです。私の父も、生前は死んだら終わりだと固く信じていたにもかかわらず、死後に私の修行を興味をもって見に来ていたということは、死後も成長を続けており、学び続けていることを示しているように思いました。

夢やビジョンを通じて死者との交流が起きるということは、体験した者にとっては、それが心理的な投影ではなく、実際に会ったと確信できる場合が少なくありませんが、ユングの注意深い洞察を伴った記述を読むと、文献的にもその事実が補強されるように思います。今回のシンポジウムもそうですが、このように体験の事例とその検討を積み重ねていくことは重要な意義を持っています。なぜならば、非日常的な体験をした人は、しばしばその体験後に、自分自身のなかでそれを消化して理性的に位置づけるという内的な課題を抱えることが多く、それに加えて、体験が他者から理解されず、病気や嘘つきなどの誤ったレッテルを貼られるという二次的な苦痛や困難を味わうことが多いからです。予知、夢、死者との交流以外にも、同様の非日常的体験としては、既視感（デジャ・ヴユ）、臨死体験、お迎え体験、巫病、スピリチュアル・エマージェンス、スピリチュアル・エマージェンシー、神々・精霊・餓鬼などの化生との交流、シャーマン体験などがあります。これらの神秘的な体験をした人がそれを語ったときに、家族や友人に理解されなかった、聴いてもらえなくなった、頭がおかしいと思われた、避けられるようになったという体験をする可能性が高いのです。中には、医師やカウンセラーなどの専門家や権威ある立場の人から、誤診、誤った意味づけ、アセスメントがなされてしまい、せっかくの神秘体験が脱価値化されてしまうことが少なくありません。このような否定や誤認の体験が新たな心の傷となり、本来は正常でなおかつ重要な意味をもつ体験であったとしても、他者に語ることが恐ろしくなってしまうのです。

（7）スピリチュアル・マイノリティ

私はトランスパーソナル心理学の研究をしてきましたので、神秘的な体験をしている方が来談されることが時々あります。時には他の専門家の方から紹介されて来る方もおります。しかし、そのように事前にセラピストの情報を聞いていた方でさえ、初対面の時には神秘的な体験を否定されないかどうか少しずつ探りを入れて、恐る恐る語ることも多いのです。やや大げさな表現になるかもしれませんが、神秘体験の経験者は無理解に曝されることが多く、これは知られざるスピリチュアル・マイノリティの差別問題なのです。ですので、あの世の臨床心理学的研究は、この世で生きる人の自己実現の過程をサポートするために重要なだけではなく、スピリチュアルな体験をしたマイノリティの人たちの理解促進や差別抑止という社会的・人権的な意義もあるのです。

真正の神秘体験は、それを正しく理解して受け入れることができると、豊かな心の成長の糧になることが多い一方で、それを誤って理解し拒絶してしまうと、成長の機会を奪うことになり、大きな損失なのです。ましてや、心理学や精神医学の専門家が、知識不足によってクライエントの心の成長を阻害し、傷つけることがあってはなりません。

（8）神秘体験がもたらす危機とアセスメント

非日常的な体験は、その体験者に混乱を引き起こすことがしばしばあります。それは今までの価値観や見解が揺さぶられ、視野の拡大を余儀なくされるため、世界観の柔軟なシフトや転換ができないと、危機状態に陥るのです。さらに、このような体験と同時に、未解決の心理的課題が吹き出してきて、幼少期のトラウマや葛藤が浮上してきたり、場合によっては周産期や過去生の葛藤が蘇ってくることもあります。人によっては、霊的体験が頻発して悩まされる場合もあります。シャーマン体験がそうであったように、神秘体験は、しばしば意識と無意識の境界が取り払われ、あの世とこの世の垣根も低くなり、時空間の束縛さえ解き放たれるので、隠されていた複数の問題が一時期にどっと押し寄せてきて顕在化することがあるのです。そうなるとエマージェンシーに陥る場合が多いのです。

このような危険性を理解すると同時に、神秘体験にもいくつかの種類があることを知ることも重要です。前トランスパーソナル学会会長で精神科医のデビット・ルーコフは、「強力な霊的体験についての臨床家による最初の評価は、最終的な結果にかなりの影響を及ぼすことがある。神秘体験に対する専門家の否定的な反応は、当人の孤独感を強め、その人がその体験を理解し同化する際に援助を求めようとすることを妨げてしまう」と述べ、精神病理と霊的な問題の鑑別が重要であるとしています（Lukoff, D. 1996）。そして、非日常的な体験には、真正の純粋な神秘体験もあれば、それとは似て非なる精神病的な幻覚・妄想体験があることを注意喚起しています。さらにその両者が混合している場合があり、混合している場合にも精神病的特徴を伴う神秘体験と、神秘的特徴を伴う精神病的体験があるため、臨床的にはそれらを注意深く峻別する必要があるのです（Lukoff, D. 1985）。ルーコフは、彼自身がスピリチュアル・エマージェンシーを体験しているため、神秘体験の諸相について深く細やかな理解と洞察をもっています。

また、精神科医のスタニスラフ・グロフは、「個人がより大きな広がりをもった存在になっていく動き」をスピリチュアル・エマージェンスと呼び、その発達過程においては「自分の人生や宇宙の物事の成り立ちのなかに存在する霊的次元にたいする気づきが増大していく」と述べています(Grof, S. & Grof, C., 1989, 1990)。グロフは、スピリチュアル・エマージェンスにおいて起こりうるスピリチュアル・エマージェンシーと、精神医学的障害の特徴を比較し、区別する指標を提示していますので、これを踏まえてアセスメントを行い、臨床的な対応をすることが重要になります。これらの混同は、ケン・ウィルバー(Wilber, K., 1995)のいう前超の錯誤(pre/trans fallacy)であり、大きな間違いを犯すことにつながります。

私は、かつて催眠を用いた前世療法を実践していた時期があるのですが、催眠状態で想起されるイメージも、心理的状況が投影されたものと、客観的な記憶と推定されるものの識別が必要であることがわかりました。どちらのイメージであっても、臨床的な素材としては意味があるものなので、適切な識別にもとづいた取り扱いができれば、有益なサポートになり得ます。しかし、これらの識別をせずに、すべて心理的投影であると乱暴に決めつけたり、すべて過去生の記憶だと性急に解釈してしまえば、有害なサポートになる危険性があるのです。想起されたイメージの峻別とそれに応じた対応の仕方が重要であるのです(石川、2004)。

さらに、あの世を垣間見たり、あの世の存在と出会ったという体験の場合には、それが暗い場所

神秘体験と精神病的エピソードとの関係（Lukoff, D. 1985）

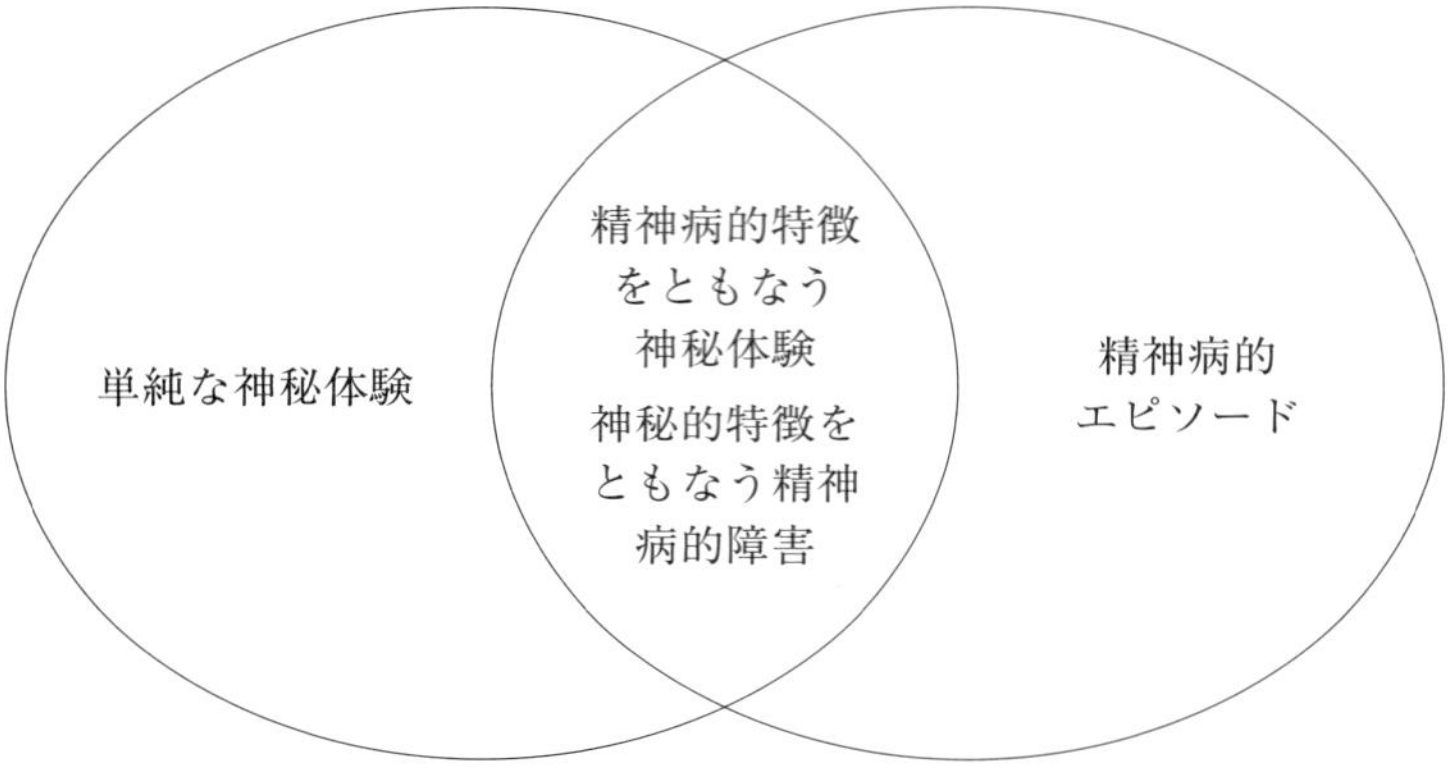

なのか明るい場所なのか、堕処なのか天界なのか、餓鬼などの暗い世界の存在者なのか、夜叉なのか、精霊なのか、天界の神なのか、梵天なのか、などを見極める必要があります。神道でいうところの審神的なアセスメントをするということです。私の父の場合は、暗い世界で、身体に力がなく、あきらかに堕処に落ちたと思われました。仏教的にいうと餓鬼に転生したのでしょう。

一方、シャーマン体験においては、多くの精霊たちに遭遇しましたが、憑依した黒い霊鳥は、より高貴な精神性を持ち、私を天界に導いたりしましたので、精霊よりも格の高い、天界の住人であると考えられます。上昇してたどり着いたまばゆい宮殿は、すべてが光り輝いており、安らぎと穏やかさに満ちていたため、やはり天界だと思われます。この体験をミャンマーの比丘に話したところ、人間界よりも四つ上の兜率天（tusita）だろうとおっしゃいました。宮殿に「兜率天」

と看板が立てられていたわけではありませんので確認することはできませんが、脱魂して上昇する際に、暗い世界から明るい世界まで、いくつかを通過してから到達しましたので、あの場所を兜率天と呼ぶのかもしれません。

（９）あの世の自然科学的研究

あの世というと、自然科学からは完全に否定されるのかといえば、必ずしもそうではありません。カウンターカルチャーが落ち着きはじめた一九七〇年代頃から、ホログラフィック理論、非局在論、明在系と暗在系、不確定性原理、観察者効果、形態形成場理論などの現代物理学の理論が、東洋思想や神秘主義の主張とよく似ていることが注目され、物質主義や要素還元主義を克服し、宇宙の成り立ちを根本から問い直せるのではないかと考えるニューサイエンスと呼ばれる研究領域が隆盛しました。最近でも、原子力工学博士の田坂広志（2022）は、みずからが体験した数々の不思議な出来事を公表し、これらは幻覚、錯覚、偶然ではまったく説明できないと考え、これらを科学的に説明できる理論として、ゼロ・ポイント・フィールド仮説を提唱しています。この宇宙に普遍的に存在する「量子真空」の中に「ゼロ・ポイント・フィールド」と呼ばれる場があり、この場に、この宇宙のすべての出来事のすべての情報が「記憶」されているという仮説です。この仮説が正しければ、物質も心も時空を超えた波動情報としてすべてがゼロ・ポイント・フィールドに記録・保存されているので、死後の世界、死者との交流、前世の記憶、輪廻転生、予知、既視感などの諸現象が科学的に説明できるとしています。

ニューサイエンスの理論は、あくまでもアナロジーであって、死後の世界や神秘体験を直接説明するものではないという指摘もあり、賛否があります。私は門外漢なので、これらの自然科学的説明の真偽を判定する能力はないのですが、量子物理学の発展によって、あの世もかなり解明される日が来るのかもしれません。少なくとも、仮説としては科学的説明も少しずつ可能になってきているようです。

(10) 神秘体験は正常な超個的発達における出来事

神秘体験をした後、心理的な混乱に陥り、危機状態に見えることがありますが、心の癒やしや成長という視点から見ると、これは絶好のチャンスでもあります。いままでの住んでいた小さな心の世界の垣根が取り払われ、抑圧されていた記憶や感情が解放され、より大きな心の世界へと移住するためのイニシエーションのようなものなのです。ですので、神秘体験を正しくサポートするためには、それが前個的な発達段階の修復や、自己実現や自己超越の過程で起きる正常な出来事であることをよく理解する必要があります。そのためには、すでに述べたようにシャーマニズムの体験は神秘体験の理解のために大いに役立ちます。私は、クライエントと会っているときに、その人の心が今、餓鬼世界に親和性があるのか、人間界的であるのか、あるいは天界にふさわしい状態なのか、嗅覚的に感じ取ることがあります。餓鬼のような心の場合には、それをよく観察しつつ、なんとか餓鬼に落ちないように、人間的な心を確立できるように働きかけるのです。

このように、神秘体験を知的・体験的に理解すると、この世はつねにあの世と密接に関係しながら成り立っていることが見えてくるのです。あの世を垣間見る非日常的な体験も、トランスパーソナルな発達段階においては正常な体験であることをはっきりと知ることができるようになります。それを異常と見なすならば、その事自体がむしろ発達を阻害することになるのです。

(11) ユング・無意識・あの世の存在者から受け取った多大な恩恵

今回鈴木先生は『ユング自伝』を多く引用されましたが、実は、私が心理療法家になろうと決心した最大の契機は、この本を学生時代に読んで、こんなにも心の深い世界と向き合う人がいるのだと感銘を受けたことでした。私もユングのように心の深層に向き合える心理療法家になろうと二〇歳の夏に決意したことを今もよく覚えています。お話を伺いながら、その時の高揚感が心に蘇ってきました。私は自然科学的・合理主義的な教育を受けながらも、一方ではユングの影響を受けていたため、無意識に対してつねに窓を開け続け、大切な夢は記録し、時にあの世の存在と交流し、さまざまなメッセージを受け取りながら生きて来ました。私自身がそのような態度で生きていることが、臨床でも生かされてきました。四半世紀に渡って心理療法家としての経験を積み、さらに修験道、シャーマニズム、初期仏教の出家修行体験を積み重ねる中で、図らずもユングと似た体験を多くしてきたことに、ご発表をきいてあらためて気づかされました。私自身の個性化の過程の中で、必然的に「あの世」の存在にも支えられながら生きてきたのだとあらためて実感し、そのご縁に感謝の念を抱いた次第です。

(12) この世とあの世と共に生きるのか、ともに捨て去るのか

井上ウィマラ先生からは、「あの世とこの世を共に生きる道」と題して、初期仏教（パーリ聖典の経蔵および論蔵）を核として、精神分析、マインドフルネス、物理学などの知見をちりばめながら、大変示唆に富んだ指定討論をいただきました。

ひとつひとつの話題が凝縮されていて、どれも掘り下げるに値するものなのですが、すべてに触れる余裕がありませんので、ここではじめに紹介されたブッダのことばに焦点を当ててみたいと思います。ブッダは「心の内がよく整えられた修行者は、この世とかの世とをともに捨て去る」（スッタニパータ）と言いました。一方、ウィマラ先生は「あの世とこの世を共に生きる」とおっしゃいました。これは明らかに反対の内容なのですが、これについてどう考えるべきなのでしょうか。私なりの考察を加えてみたいと思います。

(13) ブッダの教えの目的は覚り

「この世とかの世とをともに捨て去る」というブッダのことばは、初期の仏教が諸々の宗教や霊的伝統、あるいは心理学とは根本的に目的が異なっていることを端的に表現しています。ブッダは、

苦しみを根本からなくす方法を説かれました。そのためには、苦しみの原因を取り除かなければなりません。私たちの苦しみの根本的原因は、私たち自身の心の汚れ、つまり煩悩の塊が生じることにあります。お釈迦様は、自分自身の煩悩の塊を意識の領域にも無意識の領域にも二度と生じないところまで修行によって完全に滅し去り、その結果として揺るぎない平安（涅槃）に達したために、ブッダ（覚った人）と呼ばれるようになりました。私たちは煩悩に縛られ、それゆえに苦しみが終わることがありませんが、煩悩を滅し、煩悩の支配から解放されることを解脱（vimutti）といいます。

ブッダは自身が完全な解脱に成功して、涅槃に達しました。そして自分だけではなく、誰もが涅槃に達するために必要な知識と、方法論を余すことなく完全に教えたのです。その教えは、膨大な量に及ぶパーリ聖典（原始仏典）に収められており、近年になってようやく、現代日本語で読むことができるようになりました。ですので、経典に書かれた通りに正しく修行を実践すれば、ブッダの覚った真理を誰もが自ら検証し、確認することができるのです。ブッダの教えでは、覚りを得るためには、神話を信じたり、神を信じたり、呪文を唱えたり、儀式に参加したり、頭ごなしに宗教の教えをありがたがる必要はありません。このようなことをどれだけ熱心に行ったとしても、煩悩がある限りは、必ずそれに応じた苦しみがやってくることをブッダは発見したのです。

そして仏教の修行の目的である涅槃は、お金を儲けたり、出世したり、名声を得たり、病気を治したりする現世利益ではありません。天国や浄土などの天界に生まれ変わったり、神になることでもありません。これらはすべて世間（ローカ loka）の中の出来事であり、世間を輪廻転生して経巡っている限りは、どれほど世俗的な成功を収めようとも、苦しみがなくなることは決してないのです。つまり、あの世とつながったからといって、煩悩を滅しない限り、苦しみは決してなくならないのです。

(14) ブッダの教えは唯一の出世間法

そのため、ブッダは、世俗的な成功法や、死後に天国に行くための法だけを説いたのではなく、解脱するために必要な真理である出世間法（ロークッタラ・ダンマ lokuttara dhamma）を主に教えました。文字通り、ブッダの説いた法（ダンマ）は、すべての世間から脱出するための究極の真理なのです。

これに対して、諸々の宗教、霊的伝統、哲学、心理学などの教えや学説は、世間でよりよく生きるための世間法（ローキヤ・ダンマ lokiya dhamma）です。死後に天国や浄土に行くための教えも世間法です。天国や浄土は涅槃とは異なり、輪廻する生命の生きる世界だからです。ブッダは、神を信じたり、聖者に会ったり、聖地を訪れたり、儀式に参加したり、苦行を行ったり、呪文を数え切れないほど唱えたとしても、自らの煩悩を滅しない限り、苦しみは決してなくなることがなく、永遠に輪廻し続けてしまうことを発見したのです。

世間法が無意味なのではありません。世俗で生きるものにとって、世間法を学ぶことは必要です。

しかし、世間法の特徴は、暫定的な真理に過ぎないということです。世間法は、時代、地域、文化などに限定され、世俗的な生活には役立つところがありますが、刻々と変化しますので、つねにアップデートが必要であり、究極のよりどころにはなりません。学問をどれだけ究めても、それによって覚りに到達することができないのは、それが世間法だからです。このように、世間法は、ある程度役立つことはあっても、かりそめの対症療法の範疇を超えることはなく、究極の解脱に導くことはできないのです。心理学をどれだけ学んでも、苦しみを完全に滅することはできないし、解脱の智慧は得られないのです。

一方で、ブッダが教えた出世間法は、時代、地域、文化などに限定されることなく、いつどこでも変化することなく通用する真理です。日本でもアメリカでも中国でも中東でも全く通用します。人間界だけではなく地獄でも畜生界でも餓鬼界でも阿修羅界でも、六つの天界でも、色界梵天でも無色界梵天でも、古代でも現代でも未来でも、他の惑星でも他の宇宙でも、出世間法は通用するのです。鈴木先生は、「人間にとって決定的な問いは、彼が何か無限のものと関係しているかどうかということである」というユングの言葉を紹介されましたが、この「無限のもの」を出世間法と読み替えると、私には腑に落ちます。出世間法とほぼ同義の言葉としては、勝義諦（パラマッタ・サッチャ paramattha sacca）がありますが、これも限定のない普遍的で究極の真理を意味します。お釈迦様は勝義諦を覚られたのでブッダなのです。

出世間法や勝義諦は、自ら確認し、深く理解すると、単なる知的な満足にとどまらず、煩悩の滅尽につながります。もしも綿密にブッダの教えを確認した結果、それが間違いで役に立たないと確認できたら、それを捨て去りなさいとブッダ自身がいいました（「大パリニッバーナ経」）。ダンマは頭ごなしに信じるものではなく、自ら確認してこそ意味があるのです。ですので、仏教は本来宗教的ではないともいえるのです。

(15) 覚りに必須の修行とその段階

出世間法を確認し、完全に覚るためには、知的な探究だけでは不十分です。正しい修行が必須になるのです。ブッダが、「さとりに至る実践の修養のほかに、感官を制御することのほかに、一切を捨て去ることのほかに、生ける者どもの平安を、私はみとめない」と説かれたとおりです（SN「天子相応」）。ブッダは数多くの瞑想法を教えましたが、どれもダンマを覚り、解脱するためのものであって、その目的の達成につながるものだけが厳選されています。ブッダの瞑想法は、ストレスへの対処法や健康法としての瞑想法とは、目的が異なるのです。心の表面でダンマを理解するだけではなく、心の底から全面的に理解し、輪廻の世界に私たちを結びつけている煩悩を脱落させていくためには、瞑想が欠かせないのです。

苦しみの絶えない輪廻に結びつける煩悩をサンヨージャナ saṃyojana（結《けつ》）といいますが、そのはじめの三つが、ウィマラ先生が紹介された有身見（サッカーヤ・ディッティ sakkāya-diṭṭhi）、疑（ウィチキッチャー vicikicchā）、戒禁取（シーラッバタ・パラーマーサ sīlabbata-parāmāsa）です。ブッダの教えを知的に正しく理解し、覚りへの道を歩むことを決心した者にとって、これは大切なメルクマールになります。自分自身で修行の段階を知ることができるようにと、ブッダが「法の鏡」として指標を示してくださったのです。

三結を断ち切って預流果を覚った後には、欲貪（カーマラーガ kāmarāga）と瞋恚（ビャーパーダ vyāpāda）が弱まると一来果《いちらいか》、完全に滅すると不還果《ふげんか》を覚ります。さらに五上分結と呼ばれる色貪（ルーパラーガ rūparāga）、無色貪（アルーパラーガ arūparāga）、慢（マーナ māna）、掉挙（ウッダッチャ uddhacca）、無明（アヴィッジャー avijjā）を滅すると阿羅漢果を覚ったということになります。尚、これは自分で確認するための指標であり、自分はどの段階を覚ったと公言したり、他人はどの段階だと決めつけることはしないようブッダは戒められています。

(16) この世とあの世を共に生きること

しかし、覚りへの道は容易なものではありません。長い輪廻の歴史の中で、少しずつ心を磨き、慈悲心を養い、徳を積み、智慧を身につけ、真理の道を見いだし、諸々の条件が満ちたとき、覚りの階梯を一歩一歩進むことができるものです。「この世とかの世とをともに捨て去る」というブッダのことばは、聖者の境地であり、そのなかでも最終段階に達した阿羅漢の境地であり、ブッダの境地です。

この最上の境地に至るためには、逆説的なのですが、この世とあの世をしっかりと生き、酸いも甘いも知りつくし、他の生命との関わりの中で学ぶべきことを学び、我を落とし、慈悲喜捨の心を育み、このようなプロセスを通して煩悩を滅していく必要があるのかもしれません。今、目の前にある人間関係や関わりのある社会の中で、つまり世間の中でやるべきことをやりつくすことも、重要な修行のひとつであると考えられるのです。出家して修行に専念することはもちろん非常に有意義なのですが、世俗の中で自分を磨く修行ももちろん意義深いのです。

このように考えると、「この世とかの世とをともに捨て去る」聖者の境地と、そこに到達するための「あの世とこの世を共に生きる」ということは、矛盾するのではなく、異なるステップにおいて必要とされることとして理解すれば整合されます。学校を卒業する（捨て去る）ためには、学校でしっかり学んで所定の学業を修得することが必要であるように、あの世とこの世を共にしっかり生き、そこで学ぶべきことを学び終えたならば、世間を卒業して（解脱して）、涅槃に至るのでしょう。行為（カンマ kamma）に応じてあの世とこの世を輪廻することは宇宙の学校の校則であり、あらかじめ決められたシステムのようなものだと考えられます。

お釈迦様もいきなりブッダになったのではありません。無数の輪廻を繰り返し、その経験から世間を知り尽くされたのです。ですのでブッダはローカウィドゥー（lokavidu）とも呼ばれます。ローカウィドゥーとは世間解《せけんげ》と訳されますが、世の中のことをよく理解し、智慧をもった人という意味です。私たちも、今置かれた場所で最善の修行を積み重ね、輪廻する所々で正しく精進し続けると、次第に世間を知り尽くし、覚りの階梯を進んでいけるようになるのです。

(17) 世間法と出世間法を統合したダンマ・セラピーの可能性

多くの人々は今生きているこの世だけを生きていますが、それで問題がなければそのままでまったく問題ないと思います。しかし、自分や他人の死に直面するような人生の局面や、修行の場面など、究極の目的に向かって進む過程において、あの世がこの世に入り込んできたり、あの世に放り出されてしまうような体験はあり得ることです。そのときには、あの世についての知識があれば役に立ちますし、さらにこの世とあの世を貫く宇宙の法則としてのダンマを知っていれば、よりよくこの世とあの世を共に生きることができると思います。多くの人は神秘体験をすると、あの世や宇宙の法則について考え出すようになります。そういう意味で、神秘体験は素晴らしい体験なのです。

私は臨床心理学やトランスパーソナル心理学を研究したり、修験道やシャーマニズムの修行を体験して、これらの知識や技法は生きる苦しみを減らすために有効であることを確認しました。しかし、その効果はどれも対症療法であって、生命の苦しみを根本から解決するための原理や方法論を見いだすことはできませんでした。一方、パーリ聖典に書かれているブッダの教えは、苦しみの根治療法を見事に示しているように思われます。そして、ミャンマーとタイで二度の短期出家をして、私なりに修行をしてみた結果、ますますダンマが驚くほど正確な真理であることを理解できるようになり、自分自身が変化していくことを実感したのです(石川、2023)。

このような経験を経て、臨床や教育の場面では、自然とダンマを伝えたり、瞑想を教えるようになっていきました。世間法である心理学を利用しつつも、その限界を超えて、出世間法であるダンマを統合した実践を試みているのです。

心理療法と瞑想法とダンマを統合した援助法を私はダンマ・セラピーと名づけ、相手に応じて臨機応変に対人援助を行っています（石川、2019, 2024）。もちろん、ダンマを信じるように布教するのではなく、いま悩んでいる出来事と関連するダンマの視点を提示して、それについて考えてもらうのです。適切なダンマ・セラピーがもしも浸透するならば、心理療法の可能性は、幼少期の発達のつまずきから卑近な人間関係の問題、さらには究極の覚りまでをサポートする、フルスペクトルの射程へと大きく拡大されると思います。ダンマは時空を超えた宇宙の法則なので、例外がありません。どんな小さな出来事でも、覚りに至るまでの聖者のプロセスにおいても、ダンマは貫かれています。それを観察し、洞察することによって、ダンマが心の中心に根を下ろしたとき、人はあの世とこの世を分け隔てることなく、正しい方向に向かって確信をもって生きるようになるのです。

第六章　「たましい」についてのユング派的考察

鈴木康広

一　往還（往きと還り）の分かれ目

第一章の石川勇一先生はブラジルでのシャーマンの修行後、無事帰還している。それに対して、第三章で森岡正芳先生から報告のあった井上亮先生は、カメルーンでのシャーマンの調査後まもなくして亡くなっている。カメルーンでの調査時に、現地のシャーマンから「日本に帰ったら死ぬであろう」と予告され、不幸にも的中することとなった。

同じようなシャーマンの修行や調査でありながら、その後の生死の分かれ目はどこで生じたのであろうか。

それは「シャーマンになる」体験の厳しさであったと思われる。そのもの「になる」体験であれば、一度なったものから抜け出るのは難しいであろう。両者の体験は、命と引き換えの命懸けの厳しさと重みをもっている。井上亮先生は、命を代償・「身代わり」として求められたのではあるまいか。

井上亮先生の著書『心理療法とシャーマニズム』（2006）の装丁は青色一色である。青色は、汚れを祓うような清々しいものであると同時に、ひとを寄せつけない冷たさと厳粛さを感じさせる。純真であるが故の危険性を孕んだものと感じさせる。蛇足ながら、筆者の著書『個性化プロセスとユング派教育分析の実際』（2018）の装丁が紫色（青色と赤色を混ぜると紫色になる）であることは後述したい。

第二章の議論を踏まえれば、シャーマンの修行は、ある意味、「この世」から「あの世」へ往くことである。ここで問題にしたいのは、「あの世」から「この世」へどう戻ってくるか・還ってくるか、あるいは、引き返せるかである。往還（往きと還り）の問題である。

ユングが臨死体験で幽体離脱した際に、宇宙遊泳の状態からこの世に戻ってきたことは上述した。妻のエマの献身的な介護のエロスと「やり残した課題」（もっと多くのことを知りたいという知識欲）などが「命綱」になって、この世との間をつなぎとめた。

「あの世」から「この世」に戻ってくるには、「この世」との間をつなぎとめる「命綱」があるかが、重要ではなかろうか。

個々人の個人的背景は不詳であるが、石川先生の方が、しっかりとした「命綱」をおもちであったと推察する。井上亮先生の「命綱」は、ユングの宇宙遊泳に喩えれば、圧倒的な宇宙のブラックホールに呑み込まれて、切れてしまったのではなかろうか。また、これはどのような宇宙遊泳をしていたかにも関連するであろう。井上亮先生は危険な、よりブラックホールに近いところを遊泳していたものと思われる。

井上亮先生はカメルーンでの「呪術医へのイニシエーション過程」として自身を事例研究している。そのなかで一一箇の夢を報告しているが、最期の夢10と夢11は、カメルーンから日本への「帰還のプロセス」に関わるものである。夢10のテーマは、地球への帰還であり、地球を求めてロケットで宇宙空間をさまよっていた。夢11のテーマは、仮設の線路への着地である。現実への帰還に至ると述べられているが、宇宙空間をさまよい、日本への着地も仮設の線路であることを考慮すると、「命綱」は弱く、しっかりとした着地（グラウンディング）ではなかったのではなかろうか。

また筆者は、井上亮先生の死去に、ユングの友人リヒアルト・ヴィルヘルム[1]の死去を連想する。ユングは、西洋人であるヴィルヘルムが余りにも中国人化したので、東洋の無意識に呑み込まれるアイデンティティ危機を感じ取り、ヴィルヘルムが死ぬのではないかと心配した。そして、その心配は現実のものとなった。

ユング自伝2の付録Ⅳ（1973, 240-242）で、ユングは次のように述べている。

〝私が会った時、ヴィルヘルムは、書き方やしゃべり方と同様に、外面的な態度も完全に中国人のように見えた。東洋的な物の見方と古代中国文化が、頭の先から足の先まで浸み込んでいた。彼はヨーロッパに着くとすぐ、フランクフルトにある中国研究所の所員となった。しかし彼は教師としての仕事および一般の人々へ講義をして行く中に、ヨーロッパ精神の圧力を感じたようだった。キリスト教的な見方と思考形式が、着実に前面へと移動してきた。（中略）

この、過去への逆戻りは幾らか無反省であり、従って危険なように私には思われた。それを私は西洋への再同化と見た。そして、その結果として、ヴィルヘルムが自分自身と相いれないようになるに違いないと思った。私が考えるには、これは受動的同化、つまり環境の支配に屈することであるので、比較的無意識な葛藤、彼の西洋的な心と東洋的なそれとの間の衝突の危険があった。私の推察どおり、キリスト教的態度が最初中国の影響力に屈していたとするならば、今その逆が起こりうるのではないか、すなわち、西洋的要素が再び東洋的要素の上に支配権を獲得するだろう。もし、このような経過が、それに対処しようとする強い意識的な意向なしに行われるならば、無意識的な葛藤は身体の健康状態に重大な影響を及ぼすことがありうる。（中略）

二、三年後、アメーバ赤痢が急に再発した。（中略）

彼の死の二、三週間前、相当な期間彼から何の知らせもなかったときであるが、私はちょうど寝入ろうとするときに幻像によって目を覚まされた。私のベッドのところに、濃い青い長布を着て袖の中でうでを組んでいる一人の中国人が立った。彼は私に深くおじぎをした。まるで私に伝えたいことがあるかのようであった。それが何の知らせか私にはわかった。その幻像は異常なまでに鮮やかだった。その男の顔のしわの一本一本を見たばかりでなく、彼の長布の織物の糸の一本一本までが見えた。

ヴィルヘルムの問題は、やはり意識と無意識との間の葛藤とみなされる。それは彼の場合、西洋と東洋との間の衝突という形をとった。私自身も彼の問題と同じものをもち、この葛藤にまき込まれることが何を意味するかを知っていたので、私には彼の事態が理解できると思った。（中略）そこまではよかった。しかし、私が、彼の内的葛藤という現実の問題に触れようとすると、いつも私は、彼がすぐ引き退き、内にとじこもってしまうのを感じた。なぜなら、そういう事柄は骨身にこたえるからである。（中略）「踏まれていない、踏み込むことのできない」世界がある。その領域に力ずくで入り込むことはできないし、また、入り込むべきではない。運命、それは人の介入を許さないであろう〟。（強調、筆者）

筆者には、ヴィルヘルムが中国人になりきった点が、井上亮先生がシャーマンになりきったこと、と連想が浮かぶ。

ユングのいう、同じ「意識と無意識との間の葛藤」とは、一九一三年から一九二八年にかけての「無意識との対決」を意味しよう。無意識の圧倒的なイメージに呑み込まれそうになり、精神病的エピソードをくぐり抜けて、そこからサバイバルした命懸けの体験である。その意味で、ヴィルヘルムは「西洋と東洋との間の衝突という形をとった、無意識との対決」で命を失ったとユングは考えるのであろう(2)。

この文脈でいえば、井上亮先生の場合は、「カメルーンと日本との間の衝突という形をとった、無意識との対決」であろうか。カメルーンをシャーマニズム、日本を心理療法と置き換えてよいかもしれない。あるいは、カメルーンとシャーマニズムを「あの世」、日本と心理療法を「この世」と換言できるかもしれない。『「あの世」と「この世」との間の衝突という形をとった、無意識との対決』だったのであろう。

あらためて、この大変な課題に立ち向かった、ヴィルヘルムと井上亮先生に畏敬の念を覚えざるを得ない。われわれ、残された者が、ここから学ぶのは、「この世とあの世の風通し」を良くしつつ、どうしたら「この世」に戻ってくるのか、戻るための「命綱」をどうつなぎとめるのか、生き残る（サバイバルする）ための手がかりを得ることである。

第二章で議論したように、「この世とあの世の風通し」とは「生者と死者」の対話である。シャーマンはその対話の媒介者である。「たましい」についてユング派的に考察することは、生者（この世）の人生を、死者（あの世）を考慮することによって、よりトータルに豊かにすることである。次節二では、守護霊として肉親のイメージが顕れた三例を提示して、議論を深めたい。次次節三では、ユングのサバイバル体験「無意識との対決」をスピリチュアル・エマージェンシーとして拡充することにより、「死と再生」の「再生」の手がかりを提示していきたい。

二　「たましい」を心理臨床にいかすこと

守護霊としての肉親のイメージが顕れた、心理療法面接における自験例二例と他例一例を以下に提示する。個人情報保護のため、本質を損なわない程度に事実関係を改変している。全例において発表の同意を得ている。

「事例二」

二十代男性である。職場の人間関係に悩み、今の職が自分の本当にやりたいことなのか悩んでいた。結婚適齢期ではあったが、恋愛関係も不安定で、これはといったパートナーも見つからない状態であった。職業と同様、自分の本当に結婚したい相手なのか、なかなか見つからないと悩んでいた。

筆者のプラクシスへ来談して二、三年経った、あるセッションにて、彼は年配の夫子ある女性との不倫関係を語っていた。そのとき、彼の右横やや上方に、黄色の花のイメージが浮かんでくるのを筆者は目にした。筆者は、黄色の花のことを彼に伝えると、彼はその花は亡き父親が生前好きな花であったと答えた。不倫関係のことには直接言及せずに、筆者は「お父さんは心配されているでしょうね……」とコメントした。

その後しばらくして彼は不倫関係に終止符をうち、結婚を前提とするパートナーと交際を始め、本来希望する職業に就くことが出来た。

［事例二］

真栄城（2005, 61-62）の精神病院臨床における内観療法の事例である。

〝内科病棟の一角の西側に窓を設置した内観療法室は、トイレこそ洋式であったが六畳ほどの和室に屏風を立て、いわゆる内観療法を取り入れた構造になっていた。

ある日、ひとりの医療職の方が内観を希望してやってきた。自分の担当する患者を紹介するに当たって、まず、自分自身が体験しておきたいということだった。六泊七日の内観が開始された。そのひとは苦労人であった。終戦前後の混乱した時代に、この世の生を受けたというそのひとに母親はいなかった。母親はそのひとを産み落とすとそのまま息を引き取ったらしい。自分の命と引き替えに我が子をこの世に送り込んだことになる。幼少の頃から、親戚の間を転々と預けられてきたこのひとに、内観の対象人物は確かに多かったが、肝心の母に対する自分を調べることは不可能に思われた。母を知らないし、記憶にないからである。そこで、本人も面接者も敢えて母親のことは取り上げずに五日目の夕方を迎えた。ちょうど夕日が沈む瞬間の出来事である。屏風の中が一瞬パッと明るくなった途端、屏風に母親の姿が顕れたのである。気温が下がった夕刻に、しかも雲一つない晴れた日という条件下で、内観室の片隅に立てられた屏風の中が一瞬明るくなる現象はこれまでも何人かの内観者によって報告されていた。まさに、自然のなせる業なのであるが、その自然の計らいで母親と対面することになったそのひとは、涙を流しながら、「絵は苦手ですけど今見た母を遺しておきたい」と言いつつ描いた母像は、満面に笑みを湛えていた。このように内観療法においても「能のように何かが顕れる」ことがしばしば起こる。

その後、そのひとは担当する患者に付き添って、筆者の病院へ姿を見せた際に、「内観中に母が顕れてくれたお陰で、あの日以来、何となく気持ちが和らいで、仕事にも張りが出ました」と語ったが、そのときに見せた目元の表情が、あの絵にそっくりなので驚いてしまった。きっと瓜ふたつの親子だったに違いない。と同時に、親子というのは不思議なもので、親は(亡き後でも)子どもの中に姿を顕してくるものだ、とも思った〟。

[事例三]

四十代男性である。当時は数年間、実家の原家族とは離れて生活していた。母親が脳卒中で倒れ、数年ぶりに実家のある故郷の入院先に見舞いに戻った。小康状態だったため、一旦現住所に戻るが、彼の夢に母親が顕れた。夢の中では、実家の近くの道を進む彼を、交差点の辻で紫色の服を着た母親が見送っている。これが彼と母親の最後の再会となった。彼はこの夢を箱庭で表現した(図一)。この制作の四日後母親は息を引き取った。母親の葬儀に参列するために、彼は再び故郷に戻るが、六年ぶりに家族全員が揃う機会を母親が与えてくれたと感じられた。彼は母親の喪の作業の箱庭制作を、死後一八日目でまだ四十九日には至らない中有（中陰）Bardo の期間に行った（図二、図三）。墓 tomb に横たわる死者であると同時に、子宮 womb に育まれる胎児であるかもしれない。

上述した筆者著『個性化プロセスとユング派教育分析の実際』（遠見書房 2018）に掲載された箱庭作品である。なぜ母親は紫色の服を着て見送っているのだろか？「紫」は「変容」の色である。赤色と青色を混ぜると紫色になる。当事者の情熱と情念の「赤」に、専門家としての客観性をもった「青」を併せる意味がある。

イニシエーションにも（本の装丁にも）青色、紫色といろいろあるのだろう。生者から死者への変容、この世からあの世への変容であろうか。また「紫色」は死後死体から発生するリン・燐の色でもある。

母親が亡くなることによって、彼自身のイニシエーションとしての「変容」がもたらされたのかもしれない。しかし、それは「あの世」まで行ってしまう危うさを孕んでいる。あるいは、彼のイニシエーションの代償として、母親の命が身代わりになったかもしれない。しかし、彼が喪の作業で、墓であり子宮である箱庭を制作したことで、ただ単なる「死」ではなく、次への「再生」を準備するものであることが明らかにされた。

「あの世」から「この世」に戻る準備であろうか。一度「あの世」を突き抜けたものなので、子宮の胎児は全くの新しい次元の可能性であろう。「変容」のイニシエーションたる所以である。

母親の死を通して、母親に導かれながら、死者と対話しているといえよう。母親の死という変容

図一　母親との再会（鈴木康広 2018.『個性化プロセスとユング派教育分析の実際』遠見書房 . p.291.）

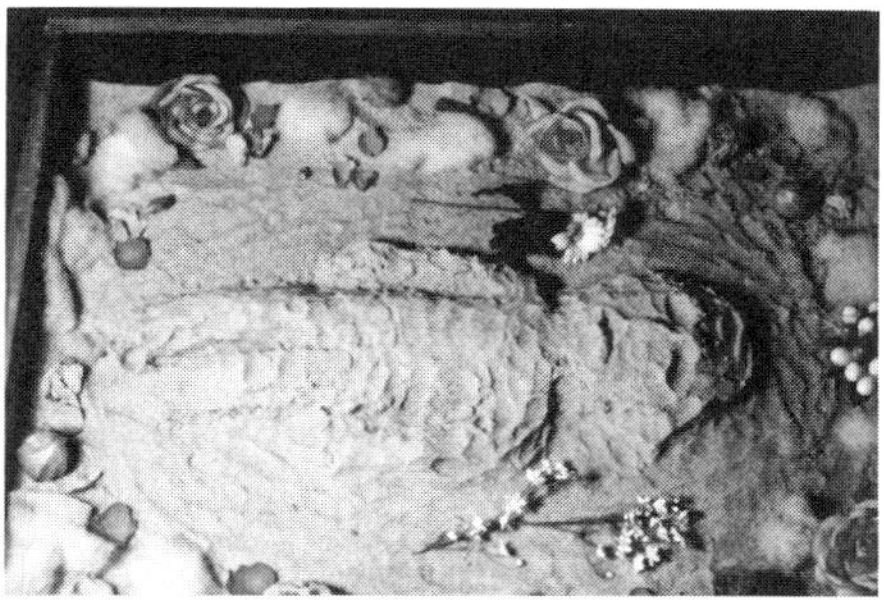

図二　喪の作業（1）（同上、p.294.）

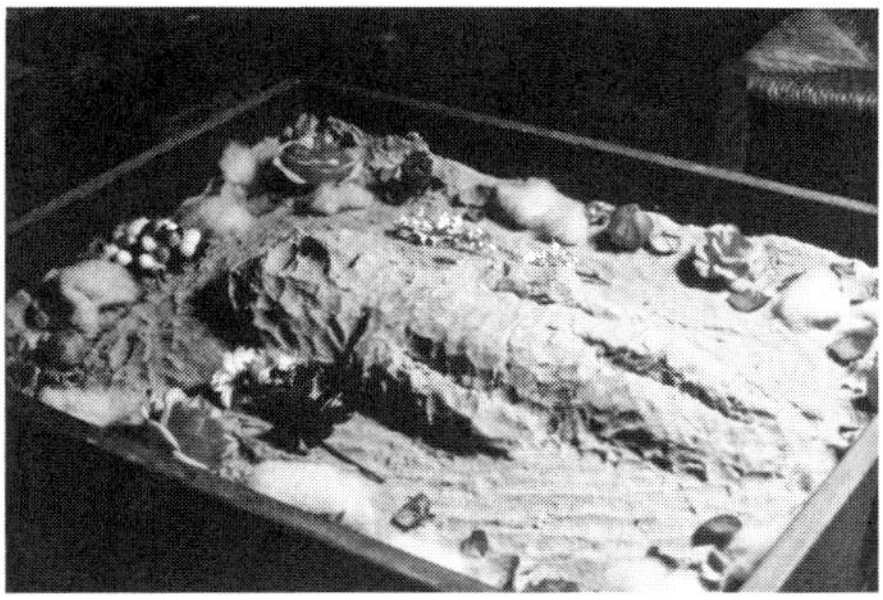

図三　喪の作業（2）（同上、p.294.）

を通して、彼のスピリチュアルな変容のイニシエーションがもたらされている。箱庭という保護された自由な空間で、箱庭制作という心理臨床の現場である聖域 temenos に顕現したドラマである。

こうした守護霊としての肉親の導きをイメージとして心理臨床にいかすことは、「たましい」として、こころの全体性 wholeness に奥深く響くものである。それは畏怖の念、聖なる体験といった宗教性をもつ。ユングは宗教体験を「ヌミノースへの接近」（一九四五年八月二〇日の手紙）と述べるが、聖なる体験は、意図を超えて、自律性をもち、大いなるもの Something Great の前に畏怖の念を抱かせる。

もがきながらくぐり抜けるなかで、無力であることを自覚し、我（自我）のはからいを捨てて、大いなるもの Something Great に身を委ねる、そして自ずと生かされている感謝の念が湧き上がってくることが、ここでの宗教性であり治癒機序ではなかろうか。

三　死と再生のイニシエーション――スピリチュアル・エマージェンシー再考

本節は筆者の論文（鈴木 2022, 巻末の引用文献参照）に基づいている。

物理的な死の体験として臨死体験とあの世を論じてきたが、精神病的エピソードや精神病体験は、精神的な死といえる。

「死と再生」はシンボリックで重要なキーワードである。

物理的に「死んで」あの世へ往き、輪廻転生して物理的にこの世へ生まれ変わるのも「再生」であるが、精神病的エピソードや精神病体験の幻覚妄想状態は「シンボリックな死」、この世から遊離したあの世状態であり、そこからの回復は、あの世から現実のこの世に還り現実検討能力を取り戻す、「シンボリックな再生」ではなかろうか。

ユングの「無意識との対決」が、「シンボリックな死」を経て「シンボリックな再生」に至った「死と再生」のサバイバル体験である、とはこの意味である。

また、シャーマニズムでは、召命の巫病のイニシエーション体験である。

ここでは、死と再生のイニシエーションをスピリチュアル・エマージェンシーの観点から検討することで、サバイバルへの手がかりを見つけ出すことを目的とする。そのことによって、「この世とあの世の風通し」がより良くなり、「この世とあの世」がともに豊かになり、心理臨床に「たましい」がいかされるからである。

スピリチュアル・エマージェンシーは、人生の危機的状況に遭遇して極度に緊張感が高まった状態において、神秘体験としてもたらされる（井上 2012, 10）ことが多い。

神秘体験と精神病エピソードは類似性があり重複する諸側面がある。スピリチュアル・エマージェンシーの概念は、この重複する諸側面に関わってくると思われる。克服・回避したりできるものを超えた危機体験は、心理的・宗教的な成長にとって必須のもの（ルーコフ他 1999）であり、単に薬物療法で抑え込むだけでよしとしない。

デビット・ルーコフ David Lukoff（1996/1999）は「神秘体験と精神病エピソードとの関係」を両者が重なり合うものとして、「精神病的エピソード」、「精神病的特徴をともなう神秘体験」、「神秘的特徴をともなう精神病的障害」、「単純な神秘体験」の分類と概念化を試みている（図四、参照）。

これらの概念化を説明した上で、このテーマに取り組むに至ったルーコフ自身の個人的背景を紹介し、ルーコフが影響を受けたユング派分析家ペリー Perry, J.W. の実践について述べていきたい。これらの概念化と実践は、精神病を成長の可能性をもつ変性意識状態（ASC: altered state of consciousness）（あるいは心的水準の低下 *abaissement du niveau mental* の一種）とみる治療プログラムである。グロフ夫妻（1985）によるスピリチュアル・エマージェンシーの命名以外に、従来の表現ではイニシエーションであり、問題解決の統合失調症（ボイゼン 1962）、肯定的崩壊（ダブロフスキー 1964）、創造の病（エレンベルガー 1970）、メタノイア的航海（レイン 1972）、ヴィジョナリー状態（ペリー 1977）などがこれにあたる（ルーコフ 1996, 101）。これらの検討がスピリチュアル・エマージェンシーの概念を豊かに肉付けし、スピリチュアル・エマージェンシーが今日的な意義をもち再評価に値することを述べたい。

ルーコフは、図四に示すように、精神病状態と神秘的体験との間には重複する領域が認められ、そのなかには「精神病的特徴をともなう神秘体験（MEPF: Mystical Experiences with Psychotic

Features)」と「神秘的特徴をともなう精神病的障害」が含まれるとし、MEPFの診断基準を提起している（1985）。

臨床的には精神病状態と神秘体験との重複領域が存在するのはよく知られている。統合失調症とは異なる、その後の経過が良く、その体験を経た後にむしろ成長している人たちがいる。しかし現

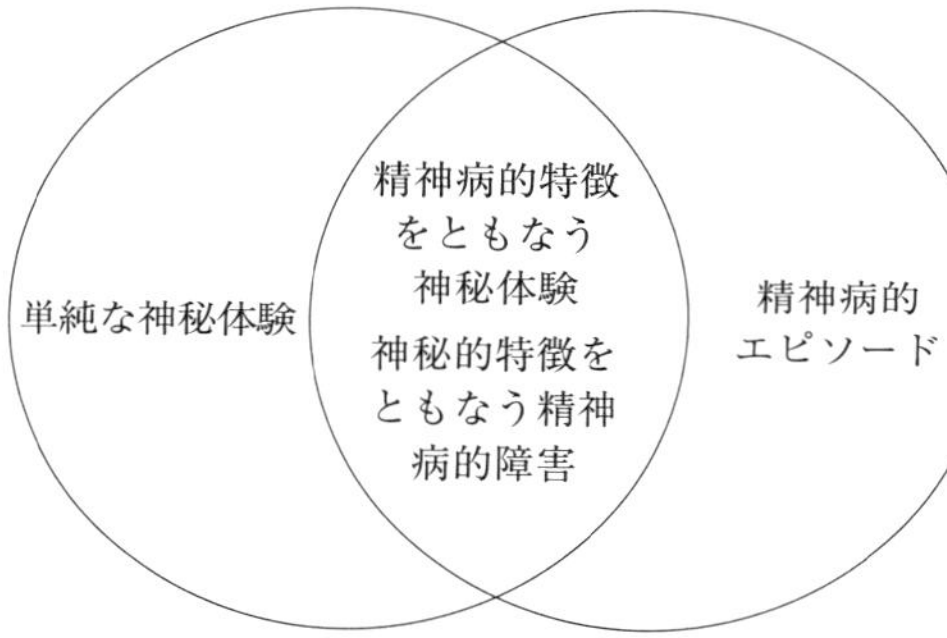

図四　神秘体験と精神病的エピソードとの関係（吉福伸逸（監修）1996.『トランスパーソナル　ヴィジョン…3　意識の臨界点』雲母書房．p99.）

在の精神医学では、他の精神病的エピソードと区別されていないのが現状である。一方、宗教家が崇高な神秘的体験とするものでも、精神病の一症状として現れていることもありうる。この重複領域の中から精神病とは異なった一群の体験であるMEPFを抽出することに臨床的意義がある。

ルーコフは、精神病理と真正な霊的体験の鑑別の手助けとなる良好な予後指標を使うことを提案している。（1）エピソード前の良好な機能、（2）三ヶ月またはそれ以下の期間での症状の急性な発症、（3）精神病的エピソードを引き起こしたストレスに満ちた促進因子・人生上の出来事の存在、（4）体験に対する肯定的な探究態度、四つのうち二つ以上がなければ、MEPFではなく、

精神病的障害であるとした。

MEPFの正確な鑑別ができれば、精神病的障害と不必要なレッテル貼りをして薬物療法で抑え込む抑圧的な治療をするのではなく、体験の統合に向けて積極的に援助する治療的なアプローチが求められる。

MEPFの体験の価値は、主として個人の私的「刷新」にある。ルーコフはなぜ、これらの提唱を行うのであろうか？　それは以下に述べるような、ルーコフの私的「刷新」体験すなわちLSDによる体験（1999, 287-289）に基づいている。


〝精神病後の統合期を例示する事例は、私自身の二五年前に起きた幻覚剤により誘発された精神病性障害（DSM-Ⅳ・292.11）である。LSDを最初に吸入した後の数ヶ月の間、私は、自分が宇宙の秘密を発見し、仏陀とキリストの両方の生まれ変わりであると確信していた。その最も激しい時期は、一週間続いたが、その間私はほとんど眠らず、レイン、マーガレット・ミード、ボブ・ディランや、もはや生きていないルソー、ユング、フロイト、そしてもちろん、仏陀とキリストのような人々といった社会科学と人文学の卓越した思想家たちの「霊」と多くの会話を交わした。私は、これらの議論に基づいた私の四七ページの『聖なる本』が、新しい社会を計画するプロジェクトにおいて世界の人々を結びつけると思った。私は、皆も開悟できるようにと、自分の本のコピーを、友人と家族に送った。

今では、私の大ヴィジョンは、典型的な「六〇年代」の部族的生活への回帰のユートピア的な共同体の提案のように私には読める。しかし私は、私の『聖なる本』を広めることで世界を変えるという使命に没頭して数ヶ月過ごした。他の人たちが私を新しい預言者として受け入れていないことが最終的に明らかになった時、私はケープ・コッドの両親の夏季別荘に一人で住みに行った。それは春の初めで、人は多くなかった。私はもはや精神病状態にはなかったが、とても憂うつで体が弱ってしまい、心は深く傷ついており、真剣に自殺を考えた。眠れない夜に数回、私が自分自身の骸骨だと思ったもののイメージが自発的に現れた。

これらの困難の絶頂期に、川岸の近くを歩いている時、私は「癒し手（ヒーラー）になりなさい」という声を聞いて驚いた。その時は、自分の最近の誇大的な信念と行動についての自己非難と恥の気持ちに浸っていたので、私は自分自身に将来があるとは考えていなかった。しかし、この声——自分自身の外から出ていると私が聞いた、唯一の肉体から離れた声——が、最終的には、私を臨床心理学という職業に召したのだった。グループ・エンカウンターと治療の訓練をいくらか受けてから、私は精神病院で働き、それから心理学の大学院に応募した。私はまたユング派の分析に四年半通い、それから、カリフォルニアのオジャイのオジャイ研究所で、多くのシャーマンたちとアメリカ先住民の祈禱師たちと研究をし、変容的なトランスパーソナル体験としての精神病エピソードを統合しようとした〟。

ルーコフは上記の自身の体験を「シャーマンのイニシエーションの危機」であると考えている。ラッセル・ショート Russell Shorto（1999, 16-29）は、ルーコフの体験をより詳しく精神病体験（精神病エピソード）として紹介している。

ルーコフがイニシエーションによる「癒し手 healer」の召命を受けて心理援助職になったのは、東畑のいう「野の医者」（『野の医者は笑う』2015）、ユング心理学の「傷ついた癒し手 Wounded Healer」とも通じるものであろう。

トランスパーソナル心理学の観点からは、スピリチュアル・エマージェンシーの諸形態には以下のものがあげられる。統一意識のエピソード（至高体験）、クンダリニーの覚醒、臨死体験、「過去生の記憶」の出現、中心の回帰による心理的再生（刷新）、シャーマンの危機、超感覚的知覚の覚醒（サイキック・オープニング）、霊的ガイドとの交信とチャネリング、UFOとの接近遭遇の体験、憑依状態、である（下線部は、上述したわれわれの議論と関連している）。

MEPFであると鑑別診断したうえで、ルーコフは、中心の回帰による心理的再生（刷新）とシャーマンの危機を体験したと思われる。これらは、「再生・変容・癒しへの試み」であり、breakdownではなくbreakthroughである。その結果、ルーコフはトランスパーソナル心理学・精神医学に携わることになる。トランスパーソナル心理学・精神医学は、急性期の精神病の変容を起こしうる可能性を、主流の医学モデルによる方法で行われているように症状を鎮圧するのではなく、症状の表出を許容することによって保持するように試みる。さらに、トランスパーソナル心理学・

精神医学は、当人の人生における肯定的な影響として、そのような体験の精神病後の統合を促進する（1999, 289）。

次に、ルーコフに影響を与え、上述の「中心の回帰による心理的再生（刷新）」を提唱したジョン・ウィアー・ペリー John Weir Perry（詳細は鈴木 2022 を参照）について述べていく。

ペリーは、精神病は自己治癒過程の一環であり、ある意味、「変性意識状態 ASC」に近い一過性のものとしてスピリチュアル・エマージェンシーの概念に含まれる、と主張している。ペリーのダイアベーシスという治療共同体の実践では、統合失調症を不幸な精神病としてみない。クライエントは、初発の急性期の「いちばん開いているとき」（神田橋條治）に小規模な家庭的な雰囲気のなかで「傾聴」され受容され、急性期の精神症状は、より生き生きとした意味にあふれた生の在りようを創造する、自己 Self の「死と再生」の過程（再秩序づけ、再構成、刷新）renewal process の顕現として、肯定的に皆から受けとめられた。ペリーによれば、精神病は「精神病クライエントの性格の構成要素が変化を遂げる」という刷新プロセスである。それはごく自然な営みであり、その自然な過程が頓挫することなく最後まで進行するよう手助けすることが治療の眼目となる。クライエントは薬物を投与されることなくスタッフとの関係性によって保護されながら、芸術療法によって、症状のなかに現れた元型的イメージ（英雄、王、救世主など、集合的無意識に由来する神話的題材）ないしはファンタジーの流れを最後まで追求することが奨励された。イメージを通して、クライエントがみずからの精神病体験の象徴的側面を表現し探求するよう促したのである。

ペリーはこのことをヴィジョン状態と呼ぶが、エレンベルガーの「創造の病」「イニシエーションの病」の概念に近く、豊かな「創造性」という鉱脈を含んでいる。また、それはクライエントが本来的にもつ自身の「自然治癒力」を引き出していくことでもある。加藤清が、セラピーを「ズレをただす」「〝お通し〟をつける」（1998, 2001）ことと言ったのは、自己治癒過程の一環としての創造性や自然治癒力を念頭においてのことだったろう。

ここには、精神症状を病理として治療するのではなく、〝危機〟を援助するという「成長モデル」がある。ダイアベーシスのスタッフに内面的危機の体験者（当事者でありサバイバーである）が多いのは、傾聴するのに共感や受容能力が高いのみならず、ピアカウンセリングや当事者研究のように、クライエントのエンパワーメントに寄与している。またクライエントが二十四時間、話（訴え）を聴いて欲しいときにスタッフが傾聴する、ということに勝る鎮静剤（抗精神病薬）はなかろう。上記の創造性と相俟って、より少量の薬物療法にて症状や予後が改善する所以である。

ユングの「無意識との対決」は精神病的体験ではなく、スピリチュアル・エマージェンシーと捉える方が適切であり、いわば、「死と再生」のイニシエーション、シャーマンのイニシエーションの危機、創造の病とよんだ方が妥当であろう。自己治癒過程としての創造性や自然治癒力が引き出されているのである。

シンボリックに、精神的に、「死」を通してこの世からあの世へ往き、回復を通してあの世からこの世へ還ってきて「再生」する。精神的な「死と再生」とのパラレルから、肉体的な「死と再生」を考える手がかりが得られる。回復した統合失調者は霊位（セジ）が高いといわれる（加藤清）。「あの世」を一旦くぐり抜けて、新しい次元にアセンションした、あるいは新しい可能性を孕んで新生したのであろう。

無意識をくぐり抜けて到達した意識は、くぐり抜ける前の意識とは（次元が）異なるであろう。「無意識の意識化」を通して、「洞察」が得られるのである。この意味で、「あの世」をくぐり抜けて、戻ってきた「この世」は、より豊かで新鮮なものであろう。あの世からこの世をみる視点、無意識から意識をみる視点を、われわれは自家薬籠中のものにしなければならない。それが「この世とあの世の風通し」であろう。「たましい」を尊重して、生者（生）と死者（死）が対話することが重要な所以である。

四　結語　Closing Remarks

生者と死者が対話する具体例を、第二章において、ユングが夢の中で死者と対話している様を、ユング自伝から赤裸々に提示した。また、本第六章では、守護霊としての肉親が顕れた事例を提示して、「たましい」が心理臨床にどういかされるか、を検討した。また、自己治癒過程としての創造性や自然治癒力が引き出される、スピリチュアル・エマージェンシーが、サバイバルの手がかりになることを述べた。

われわれは、外的現実と内的現実を生きている。「たましい」を尊重することで、「この世とあの世の風通し」が良くなり、外的現実と内的現実（意識と無意識）の風通しが良くなり、われわれの「人生」（外的現実と内的現実を含めた、この世からあの世を含めた）をより豊かに生きることができるであろう。

生者は死者によって生かされている（Suzuki 2023）。

生は死によって輝きを増す。光が闇の中で輝くように、生は死の中で輝く。生が輝くためには「死者への鎮魂歌」[3]（湯浅 1996, 鈴木 2018）が必要であろう。

ユングは「光と闇のせめぎ合い」として、以下のように述べたが、「光」を「生（生者）」、「闇」を「死（死者）」と置き換えて、その意味をかみしめたい。

> 意識と無意識の対決は、闇を照らす光が闇によって理解されるばかりでなく、闇をも理解するという形でなされなければならない（ヨブへの答え 1988, 153）。

意識と無意識の対決は、「死（死者）」を照らす「生（生者）」が「死（死者）」によって理解されるばかりでなく、「死（死者）」をも理解するという形でなされなければならない。

（註）

（1）ドイツ人のキリスト教宣教師で長年、中国の青島で過ごした。ユングと「黄金の華の秘密」を共同研究し、ヨーロッパにチベット仏教などを紹介した。一九二八年に「赤の書 163 のマンダラ」をイメージした際に、人類共通の普遍的なイメージとして、ユングが集合的無意識の概念の妥当性を確信し「無意識との対決」の孤独感から救われたのは、ヴィルヘルムとのやりとりが契機になっている。

（2）湯浅泰雄・定方昭夫（訳）1980.『黄金の華の秘密』人文書院. 28. も参照のこと。

（3）歴史の舞台には、勝利者があれば必ず敗北者がある。光の精神史の裏面には影の精神史がある。ユングは、栄光の歴史の影に恨みをのんで消えて行った無数の死者たちの鎮魂のために、その精神史を書いたのである（1996, 366/2018, 317）。

第七章　他界から自己という存在の謎へ

森岡正芳

「私たちの生は、まだ答えられていない死者たちの問いに対する答えを探すことにかかっている」

（Hillman&Shamdasani,2013）

これまでの議論の中で浮上してきた主要課題の一つは、あの世、他界は、人と世界の存在基盤にリアリティを与えるものである。当然、心理臨床という私たちの仕事も、それを基盤にして遂行できているところがある。現代に生じる多様な臨床心理的課題の背景には、他界との関係にほころびが生じ、あの世とこの世のバランスが壊れてきたことに起因する存在基盤のリアリティの危機がある。本来は宗教学の課題であり、心理臨床が正面から向き合うにはあまりにも大きすぎる。当然の疑問である。とはいえ、現代の臨床問題に直結するとするならば、誰もが関わらざるを得ない。さてどうするか。

井上が四〇年近くも前の講義において、他界との関係を抜き差しならぬ臨床的課題として提示したことにどのように応えられるか。サイコセラピーのある局面においては、セラピストはクライエントに同行し他界に行って、戻ってくるという「他界への往還」を仕事として行うというのである。心理臨床において、他界への往還とはどういう意味を持つのか。いずれにしても究極のことが課題になっている。四〇年前と比して、心理臨床の現場は多様になり、生活者の心理支援に求めることも多様になった現在、このような課題をどのような次元でとらえればよいのであろうか。ここで少し考えてみたい。

(1) 表象不能の他界

他界は存在のリアリティを支えるものである。人の生において誰もがそこに関係する。存在の基盤をたしかめるような事態は人生にそう頻繁に現れるわけではないが、生の節目で必要な場面に出くわす。とくに、災害、人災、突発的事件、暴動、戦争による犠牲など、不測の事態に遭遇することがある。何がそこで生じたのか。にわかには理解しがたい。人に伝えることはおろか、自らの内に再現することすらできないことである。人生の不条理を感じる。そんなとき、自分の成り立ちの根源、始まりへと意識が向かう。その苦闘を通して生をとりもどす。自らの始原に立ち返って生き直すことに迫る。このような生の亀裂に入ることは、人の生涯を通して見ると、どこかで接することになる。それは象徴的な次元において、母胎回帰、死と再生、暗夜の航路という形で遂行される。いったん真暗闇に入って、そこから光のある所へ抜け出る。死を潜って再生する。このような象徴儀式は、いろんな宗教的行の仕掛けに含まれている。

他界は様々な投影イメージを引き起こすものである。どの民族にも神話昔話、口頭伝承があり、それらの多くの部分は、死後の世界との関係の話なのである。数々のイメージはそれで深い真実を伝えるものであるが、うっかりするとその豊饒な世界に入り込んで抜けられなくなってしまいそうだ。ここは自重し、リクールに倣い、「表象不能の他界を想像せずに、接する。他者は、死を先取りせずに同行する」（Ricoeur, 2004）ことだ。そして、死者たちの問いへの答えを探すという次元において、他界への問いが、心理臨床への何らかの可能性を開くことになる。その門戸に近づければと思う。

（2）根源的ナルシシズムへの回帰

さて他界は、存在と非存在のあわいに在って、それと特定できる場所にはない。非局在的（non-local）な場である。生命を回復し、再生していく場としてある。井上亮の講義では根源的、宇宙的ナルシシズムへの回帰によって、自己存在の基盤を確かなものにすることが論じられている。他界とのつながりが維持されているならば、その回帰が自然に行われ、心身の大きな破綻はなく、人生を全うできるのだろう。

折口民俗学では、他界は妣が国と名づけられる。祖霊信仰からくる理想郷としての他界ではなく、他界は完成霊が住むところである。妣なるもの、他界に触れたときの体験について、折口

（1929/1965）は「えきぞちしずむ」と同時に「のすたるじあ」や「かなしみ」を含む複雑な感情にふれている。霊魂概念の探求と、妣が国への希求は切り離せない。他界への往還は、生の反復回帰、おのれの始原に立ち返って生き直す母胎回帰という側面がある。始まりへと戻ることによって、生命を回復し、再生していく場として他界がある。それは人の生きる根っこ、存在の基盤を満たすものである。死と再生の反復を通じて、主体は生命力を更新する。

岩田（1985b）は、「人は現世と他界の波打ち際に生きている」。このように自己と世界の関係を述べ、人生は「青い空間」と「白い空間」の波打ち際にあるというイメージを提示する。二つの空間は二枚のページであり、人生はその二枚のページを、ルーズリーフのようにらせん状に縫い取っている細い針金のようなものと、卓抜な比喩で表現している（図1）。青い空間は他界、白い空間は現世であり、互いに波立ち、渚においてまじりあっているのである。

リクールの言葉を借りて、「表象不能の他界を想像せずに、接する」ことを自戒しながらも、岩田の波打ち際という人生のイメージはここで、なつかしさ、あこがれと哀しみの混じった強い情緒を抑えることはできない。この複雑な感情に導かれて、生命力を更新することは、心理臨床の場面では、生命体の根源的ナルシシズムという基盤に関わってくる。これは井上の他界心理学の結論部分である。母胎回帰はけっして調和一体的なものではない。始原のナルシシズムの一側面には、一つの纏まりとしての自分、他とは異なる自己同一としての自己を維持しそのままの状態でいたい欲動がある。他界心理学の冒頭部分で、井上は免疫理論の自己―非自己の力動的なシステムに言及し

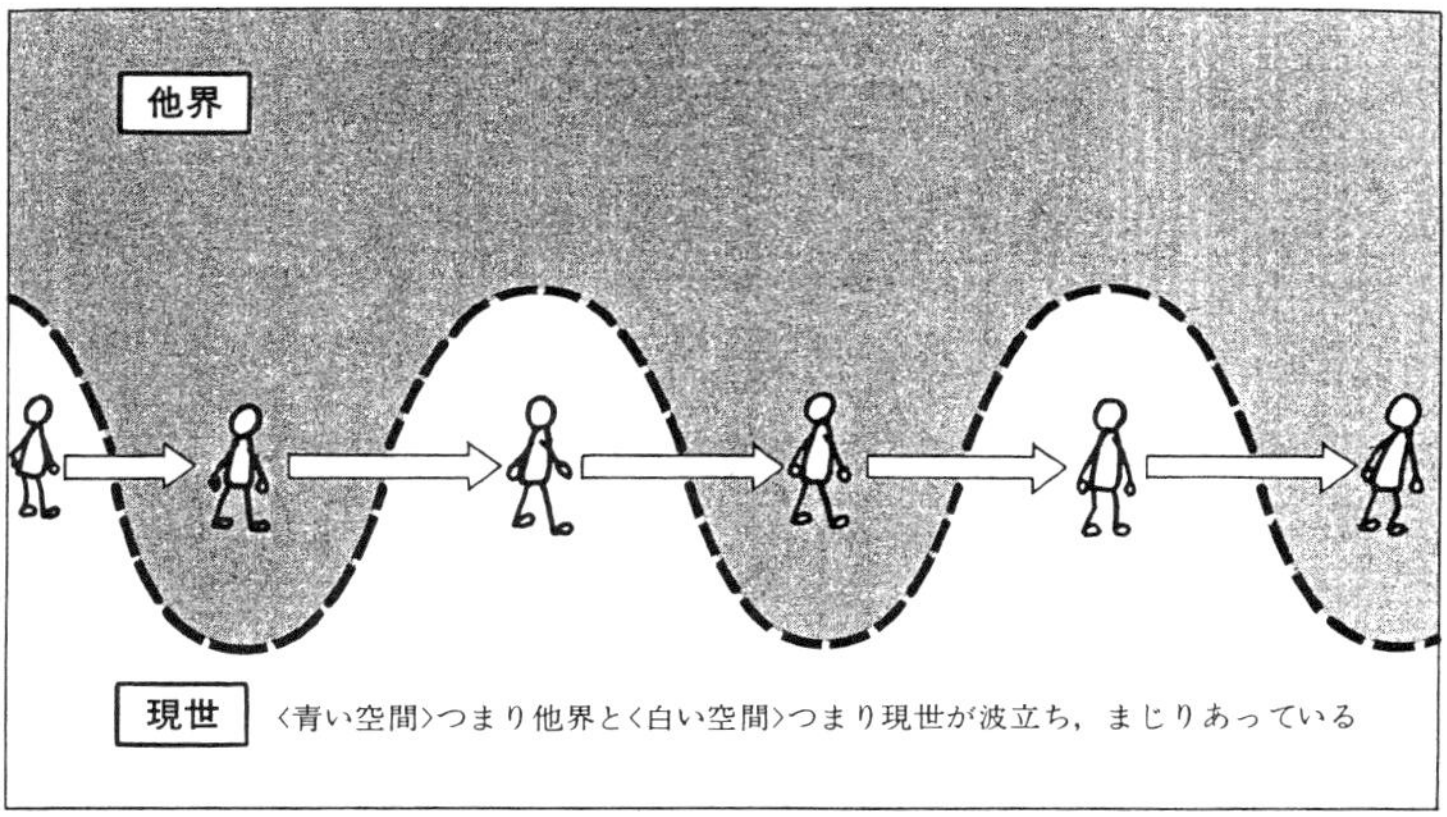

図１　人は現世と他界の波打ち際に生きている　岩田（1985b）より

ている。自己同一を志向するナルシシズムを乗り越え、「破壊を通しての生成」（Spielrein, 1912）という困難な作業が含まれる。つねに始まりへと戻る。それによって、生命を獲得し展開していく。折口の「妣が国」はそれを支える器として働くものだろう。そしてサイコセラピーは、生と死の両義性をもった容器として機能する。

井上は他界の中核に、根源的ナルシシズムあるいはコズミック（宇宙的）なナルシシズムを置く。それは人の生きる根っこ、存在の基盤を満たすものである。ソウルメイキング（Hillman, 1975）の果てにある根源的ナルシシズムを、他界心理学は課題にしている。他界への往還をなすセラピストは、根源的でコズミックなナルシシズムに自由に開かれている姿勢を維持することが大切だ。井上はその姿勢を「無心」という言葉で言い表している。一方『講義』では、「セラピーの中では、根源的ナルシシズムを超えないと「他界病」になる」と述べられる。つまり他界への往還が困難になる。

（3）事例エピソード

職場での不適応感が強くなり来談された三〇歳代後半の男性である。独身一人住まい。以前から仕事内容や職場で対人関係にしんどさを感じていたが、このところそれが強くなり、仕事を続ける自信がないと小声でおっしゃる。訴え内容は少々漠然としていて、私も、仕事内容や人間関係の詳細を具体的に尋ねようとしたが、特定の何かがつらいというわけではなく、職場にいるとときおり不安が強くなるということで、上司に異なる部署への異動を申し入れたりもしたと語る。初回面接の途中で、実母の病のことが出てくる。統合失調症であり、今は、父親が世話をしながら自宅療養を続けているという。クライエントは自分自身もいつかそうなるのではという不安を言葉少なに語られる。

その後、思い切ったように、クライエントが小学生の時に、母親の状態が悪化した時のことを、語りだされた。「夜中でした。僕が寝ている隣で急に母親が叫びだした。僕を指さして何か叫んでいる」。「その姿は今も焼き付いていています」。記憶のこの場面が、聴いている私にもリアルに迫ってきた。その後、クライエントは瞑目するように下を向き、沈黙した。

次の面接回でも言葉少なに、仕事場での様子を話されるが、面接中沈黙が多くなる。こちらも、その沈黙は破れないように感じた。しばらく沈黙を保った。あまりにもじっとして固まった様子で、眠っているのかとも思い、「＊＊さん」と声をかけると、かなり間をおいて、「……はい」と返事がやってくる。そのまま姿勢を崩さず沈黙を続ける。じっと動かない状態。私は何か、遮断されるような隔絶感を感じた。石化。眠っているのでもない。「今ここにいますよ」と声をかけたくなるが、こちらも声が出ない。存在の向こう側に行きかけ、またこちらに戻ってくるようなゆらぎを覚える。

その後の面接回である。沈黙が多く下向き加減の姿勢は変わらずだったが、会社勤めの傍ら、仲間とギター演奏に打ち込んでいる話が出てくる。私が驚き、関心を示すと、「一度聴いてくれますか？」と私の顔を見ておっしゃる。次の面接で、彼の演奏をCDに落としたものを受け取る。拝聴する。ギターというより、ハープの音のように聞こえる。繊細な、風の振動のような透明感を感じる。一方、弾くリズムは確かで力強い。そのように私の印象を伝えると、珍しく笑みを浮かべ、「仲間からも、繊細な音作りについては、よく言ってくれます」とおっしゃる。その後の面接では、母親のことは話題にならなくなった。

（4）自己という存在の謎

職場でのカウンセリングという限界もあり、この面接はそれ以上深めることは避けたが、クライエントがじっとしたまま身じろぎもせず、石のようになった状態を前にして、私は戸惑いを覚えつつ、クライエントは目前に座しながら、「今ここにいない」とも感じた。私はせめていっしょに居て、彼が向こうに行ってもどってくるのを見留めようとした。細かく体験をふりかえると、私もふと、向こうに行きかけたり、気がつくと今ここに戻ったり、意識の微妙な変化があったように思う。母親が病を発症した年齢とほぼ同い年に差し掛かったクライエントの心身の状態が、直接伝わったような感触であった。

他界を問うことは、自己という存在の謎に行き当たる。クライエントは母の病の姿から、そのようにに自分もなるのではという不安をひそかに抱えながら生きてきた。自己の生と死に関わる問いが必要になるのは人生において、そう頻繁なことではない。日常の生活に追われているときは、もっと目前のことの対応がまずあり、現実的な問いがなされるであろう。クライエントももちろん職人である。ところが来談時、仕事と生活になぜか集中できないと訴えられた。それよりも没頭を求められる自らへの問いがあったようだ。一人でいるとき、ひそかに、自分に問いかける。「自分はどうしてここにいるのだろうか」、「自分がどこからやってきたのだろうか」そして「自分はどこへむかうのだろうか」といった自己の根源に呼びかけるような問いである。

西平（2015）は、精神分析のテクストを、誕生と起源、なかったものが在るようになるということに関わる貴重な記録の宝庫であるとする。エディプス・コンプレックス、阿闍世物語しかり、フロイトの古典症例しかりである。少年ハンスが父に向けて話し出す問いかけ「自分では自分を生み出すことができない」のはなぜか。ハンスは自己という存在の謎に一瞬触れていた。このように西平は解読する。自己は始原から何ものかにとっての他のものとして、存在する。「自分という存在」を自分で根拠づけることはできない。私たちは自分という現象を自分一人で開始することができない。これはアイデンティティに関わって深淵を覗くような恐ろしくもある課題である。「母は病んだ。夜中に小学生の私を指さして何か叫んだ。その姿は自分を追い詰める」。「しかし一方、この人がいなかったら、私は生まれていなかった」。クライエントが、気配すらない石のように固まった状態になったときに、私は一人隔絶した中、存在の基盤への問いが潜むことをどこかで感じ取った。彼のギター演奏を収録したCDを聞いてみて、石化した状態の向こう側から音がやってくるような、まさに他界からの音ずれのような響きと音色が聞こえてきた。「私は生まれなかったかもしれない」。

すべての誕生は偶然である。自分の誕生は多くの可能性の一つに過ぎない。としたら、この生は、多くの可能性を潜在した生である。存在基盤のリアリティを与えるものが他界観念に潜むならば、「生まれてこない」という存在の仕方も含めて、人の生をとらえようという試みがなされうる。

西平（2015）は、次のように思考を展開する。自分がここに存在することは何かを存在させないことである。私たちは他の可能性を抹殺することによって生き残っている。「生まれてこない」地平のほうが本流ではないのか。むしろ「生まれる」ことの方が例外的で特別な出来事である。生があるということこそ奇跡である。可能態が現実の私を支えている。私という存在の背景には、可能態が潜む。それでは、可能態と現実態は対立するものだろうか。

アガンベン（2005）は、可能態と現実態に対して、潜勢力という考え方を示す。潜勢力とは現勢力へ移行しないこともできるありかたである。可能態は現勢力の実現で消え去るわけではなく、潜勢力が維持することで互いに両立する。未生そして無数の死は、そこで力を維持し、生に問いかける。生きることはむしろそのような在り方ではないか。

むすびに

あの世、他界とのつながりという課題が、心理臨床実践のそこかしこに潜在していることを探究する中で、私たちは、存在基盤のリアリティを見つめ、自己存在という謎を探究する道筋を進むことになった。死者たちによって投げかけられた問いへの答えとして、私という存在の基盤、その意味を探ろうと試みた。答えはない。しかし、ここまでの議論で、少なくとも生と死は対立的な構造ではなく、生は死を含み、死を媒介にし、支えとすることで自己の生が自覚され、より際立つことが見えてきた。そして、未生すなわち、生まれなかった可能性は、生と死を対立的に見ることを否定する。生まれてきたこと（A）と生まれてこなかったこと（Ā）、それら両方を肯定する。このような論理である。これは山内（1993）が長年の思索の末にたどり着いたレンマの論理である。AがAであることは、AがĀ（non A）であることによって根拠づけられる。Aが存在するのは、Aが存在しないことによって基礎づけられる。にわかには理解しがたい困難な論理であるが、人は存在と非存在のあわいに立ち、存在しないものに支えられながら生を全うしている。死者たちは心の中には「いる」にもかかわらず、現実にはいない。現実には「いない」が心の中に今も「いる」。根源的ナルシシズムを乗り越えて、他界への往還をクライエントと同行する力を維持するセラピストは、このような独自の論理を培いながら、日々を練磨することになろう。

第八章　サバイバル、解脱そして思いやりへ

井上ウィマラ

お迎え現象

これまでの議論を通して、この世とあの世が出会うあわいの領域を尊び、そこでの往還をサバイバルすることが語られてきたように思う。それは「私」という思いをもって生きる人間にとって、人生を豊かにするために必須の課題であり、人生を健全に生きるための心理療法を根底から支えてくれるテーマでもある。そのことを身近に考えてみるためのよい例が、終末期によくある「お迎え現象」ではないだろうか。終末期を迎えた人が、すでに亡くなっている身近な人々などと、出会い、触れ合い、交流する体験である。

病院や施設などではせん妄と診断されて投薬の対象となってしまうこともあるため浮かび上がりにくい側面があるようだが、向かい合い方次第では患者のよき死に向けた準備となり、患者と家族や医療関係者たちとの関係を豊かにしてくれ、残される人たちのグリーフケアに向けた第一歩となる体験である。このお迎え体験に関する社会学的な調査研究（諸岡，2014）も進められている。そ

こでわかってきたことは、患者のこうした体験をせん妄あるいは幻想と決めつけてしまうのではなく、正常な現象として理解し、その人が体験していることをそのままに受けとめて対応してゆくことの重要性である。それは、認知症に対するバリデーションやユマニチュードなどの対応法にも共通する視点である。

中間領域とサバイバルという視点

この点に関しては、ウィニコット（1979, 1-20）が移行対象に関連して「中間領域」として論じていることに通じるところがある。

「覚醒から眠りへ」、「外界から内界へ」という移行に伴う乳幼児の不安を和らげるために、安心毛布やテディ・ベアなどの移行対象が一定の感触や感覚を提供してくれる。その助けを借りて移行現象が起こる舞台となる中間領域における出来事については、「誰が作り出したのか？」とか、「それは真実か否か？」とかを問うことは妥当ではなく、没頭体験そのものを大切にすべきである。すると、中間領域における移行現象は、発達とともに芸術や宗教、創造的な科学研究などにおける集中体験の中に保持されてゆき、私たちが現実を受容してゆくための大きな支えとなってくれることが見えてくる（筆者要約）。

「サバイバル」というテーマに関しても、ウィニコット（1977, 79-92）の「思いやりを持つ能力の発達」についての洞察が役に立つ。母親が赤ちゃんの本能的な攻撃衝動にサバイバルして、お互いの間に笑顔が回復した時、赤ちゃんの「大切なものを壊してしまったのではないか……」という原初的な不安である罪悪感は、「お母さんを幸せにしてあげられた」という万能感的な喜びの中で思いやりへと変容することが可能になる。思いやりに変容する機会の得られなかった罪悪感は、成長後の抑うつや突発的な破壊行動などになって現れる（筆者要約）。

本章では、ウィニコットの「中間領域」と「サバイバル」という視点を援用して、筆者自身の体験をふりかえりながら、仏教の「戒定慧」という修道論にまとめられてきた瞑想修行者たちの体験智を整理する。その上で、これまでに筆者各氏が提供してくれた経験と視点を統合してゆくために、仏教瞑想の資することができるものについて考えてみたい。

後悔を予防するものとしての戒の本質

仏教瞑想のトレーニングは、戒定慧という三つのステップに分類される。戒（sīla）は、語源的に生活習慣を意味する。アビダンマ仏教心理学によると、戒の本質は virati（離）である。語根√ram は楽しむことを意味し、接頭辞の vi は分離を意味する。「離」とは、無意識的に何かを楽しんでしまう習慣を自覚して手放すことである。その理由は、無意識的に楽しんでしまうことが後から後悔をもたらし、瞑想を始めた時に心に浮かんできて大きな障害となるからである。こうして「私」という思いを構成する習慣を自覚してゆくことは、自分を見つめるための観察自我の強さを養成してくれる。

仏教瞑想が戒から始まるのは、後悔の種をまいてしまわないよう自覚的に生活することによって瞑想修行が始めやすくなり、自分を見つめるという厳しい作業に耐える強さが培われてゆくことを意味する。たとえば五戒の最初の不殺生戒の原文は以下の通りである。

Pāṇātipātā veramaṇi-sikkhā-padaṁ samādiyāmi.

（命を殺害することから　離れるという訓練箇条を受持します。筆者訳）

私たちはグルメや清潔さを楽しみ追い求めるなかで、無意識的に不必要なまでの殺生に関わってしまっているかもしれない。そのことを自覚して、食べ物に感謝し、味わっていただき、そこで得られた生きる力をどのように使うかについて自覚的に生きるように心がける。清潔さにこだわるあまり、必要以上の洗剤や殺虫剤などを使いすぎていないかをふりかえってみる。

生きることの痛みを知ること

こうして日常生活をふりかえってみると、私たちは自らの生命を維持するために他の命を頂かなくては生きてゆけないという事実に気づかざるを得ない。動物にせよ植物にせよ、食べることにはその命を奪うことが避けられない。食べることの喜びの中にはこうした痛みが隠されている。そのことに気づき、その痛みを受けいれて、その上でどのような生のビジョンを描けるかが問われる。それが戒に続く定（心の安定・精神集中）と慧（智慧・洞察）の担う課題となる。

慎み深くあること

五戒の第二番目（不偸盗戒）は、「与えられていないものを盗らない（取らない）」である。そのものが自分に与えられていることを確認できるまでは手に取らない。木から落ちた実を取る時にも、その木が誰かの所有ではないことを確認し、自然からの恵みであると感謝して手に取る。気晴らしをしようと誰かを誘う時にも、その人の時間を奪うことにならないように配慮し、確認してからお願いする。何気ないつもりで人からモノや時間を搾取してしまったり、他人の領域に侵入して時間や自由を支配してしまったりすることがないように気をつけることで、共存し共有することについての学びが深まってゆく。

親密さと安心感を通して相手の存在に敬意を払う

第三不邪淫戒は、セックスを含めて親密な交流をする際には、相手の存在に敬意を払い、安心と安全を提供できる形で関係を営むように心がける。不倫は、双方の家族にも影響が及ぶ。欲望を満たすために相手から搾取することのないよう、双方の家族に苦悩を与えないように心がける。こうした危険性を深く考えることによって、性欲と暴力が密接に絡み合ってしまう混沌状態から出て、性欲をコントロールすることで平和的で文化的な社会を作り上げてきた人類の進化と苦悩の歴史に思いをはせることができるようになる。

編集癖に気づく

第四不妄語戒は、言葉を発する際に、私たちが自分をよく見せようとして、あるいは利益を得ようとして、つい編集をしてしまう傾向への自覚を促す。フロイトが隠蔽記憶という概念で述べているように、私たちは真実を伝えようとしながらも、真実を隠すための言葉をしゃべってしまうものだ。真実に向かい合うためには、それほどの難しさがある。

何を忘れようとしているのかに注意を向ける

第五不飲酒戒は、麻薬を含めて、酒などの心を酔わせるものを飲もうとする時に、何を忘れようとしているのか、何から気をそらせようとしているのかについて意識的になるために役に立つ。

帰還のための命綱としての戒

鈴木(一五四頁)は、石川や井上亮のシャーマン修行とユングの臨死体験などを比較して、「あの世」から「この世」に帰還するための「命綱」の重要性を説いている。仏教瞑想における戒は、その命綱に相当するものではないかと思う。瞑想修行では、さまざまな精神状態に遭遇する可能性が高い。それをサバイバルしてゆく体験は、その時の心の状態が後悔の念からどれくらい解放されているかに大きく影響されるからだ。

筆者は、ビルマで瞑想を始めたころ、ある後悔の念に悩まされたことがあった。謝罪したい人が日本にいたのでどうしたものかと困っていた。師匠が毎日夕刻にインタビューをしてくれていたので面接でそのことを伝えると、「私が代わりに受け取ってあげるから、話してごらん」と聴いてくれた。そして「私がその思いを受けとめておくから、瞑想に専念してみなさい」と言ってくれた。

これは精神分析の原点に通じ、カソリックの告解にも通じるものだろう。それまでのインタビューを通して師匠との信頼関係が強く培われていたので、私はその後悔から解放されて瞑想修行に打ち込むことができるようになった。

集中力と心の輝き

繰り返し心を一つの対象に向けることで、定（samādhi）と呼ばれる集中力が養われてくると、心の曇りが晴れて輝きが表れだしてくる。心を曇らせるものは、①貪り、②怒り、③眠気と不活発

五蓋	中和する禅支	初禅	第二禅	第三禅	第四禅
眠気と不活発性	言葉を伴い心を向ける思考	○	×	×	×
疑念	言葉のない観察	○	×	×	×
怒り	喜び	○	○	×	×
浮つきと後悔	リラックス	○	○	○	×
貪り	一体性	○	○	○	○

性、④浮つきと後悔、⑤疑念の五蓋である。これらが、禅支と呼ばれる集中力を支える働きによって中和されてゆくことによって、完全に没頭した集中状態へと入ってゆく。その中和関係と集中度の深化の関係は前頁の表のようである。

神秘体験と魔境

集中力が高まるにつれて、命が本来持っている生きる力が喜びとして現れてくる。喜びや歓喜のエネルギーは、鳥肌が立つような感覚として体験されることもあるし、背筋が真っ直ぐに伸びて身体が浮き上がる様な感覚として体験されることもある。喜びは怒りを中和してくれるが、そのエネルギーには刺激性と興奮性が伴っている。刺激性と興奮性が収まってくると、深く安らいだリラックス状態が現れる。多くの人は、安らいだ状態を悟りだと勘違いしてしまいやすい。

こうして心が落ち着いて安らいだ状態の隙間に、禅宗では魔境と呼ばれる神秘的体験が出現しやすい。筆者の場合には、曹洞宗で壁に向かって坐禅していた時に、壁のかすかな模様が動き出して見え、その中に餓鬼や地獄の様子が見えてきたりした。おそらくそれは、グロフが産道通過の体験に言及したBPM（九三頁参照）に近い体験だったように思われる。

ある時には、背骨に沿って銀色の蛇が三匹絡み合って昇って行くように感じられたこともある。おそらく、ヨーガで「チャクラが開いて、クンダリーニが昇る」と言われるような体験であろう。

またある時には、身体を巡る血管が根のようになって背骨が一本の大樹になり、腕を伸ばすように枝葉を伸ばし、思いが言の葉になって散り落ちて大地に帰ってゆくイメージが湧いてきたこともあった。

こうした体験を先輩に報告すると、「それは魔境だ」と諭された。こうしたアドバイスがあったおかげで、それ以上不思議なイメージの世界にのめり込んでゆくことはなく、そうした想念を受け流して手放していくことができた。

ビルマでの神通力談義

ビルマでの瞑想修行がひと段落してビルマ語の習得に力を入れ始めた頃のこと、ある画家が訪ねてきて、こんな話をしてくれた。彼はサマタ瞑想を修行して禅定を得て、イメージを転送し合う能力を得た。中国の知人とイメージの交換をしているのだが、あるイメージを転送すると、「これは大乗仏教の菩薩だ」という返事が返ってきたという。

そして彼の絵の師匠は、「絵の力を落としたくないのなら、ヴィパッサナー瞑想には進まず、このままサマタ瞑想だけをしていなさい。解脱の智慧が進み始めてしまうと、絵に対する興味が失せてしまう可能性がある」とアドバイスしてくれたという。「さすが、瞑想大国だ」と思った。解脱のための道と、超能力の道が別々のものであることを知り分けて、自らの人生でどんな瞑想を選んで進んでゆくかについての基本情報が周知されていたからだ。

ちょうどその頃、昼食前の瞑想で、ご飯の臭いがプーンと漂ってきた時、ビルマの天神が飛んできて、食事のために手を洗うように水を垂らしてきた……ように思った。天神の姿と、掌の上に感じる水の触感があまりにリアルなのでハッと驚いて目を開けて確かめると、坐って瞑想している自分の姿以外に何も見えない。一瞬だけパラレルワールドが開いたような体験だった。師匠にそのことを報告すると、「そんなこともあるかもしれないねぇ……」とほほ笑んで聴いてくれた。

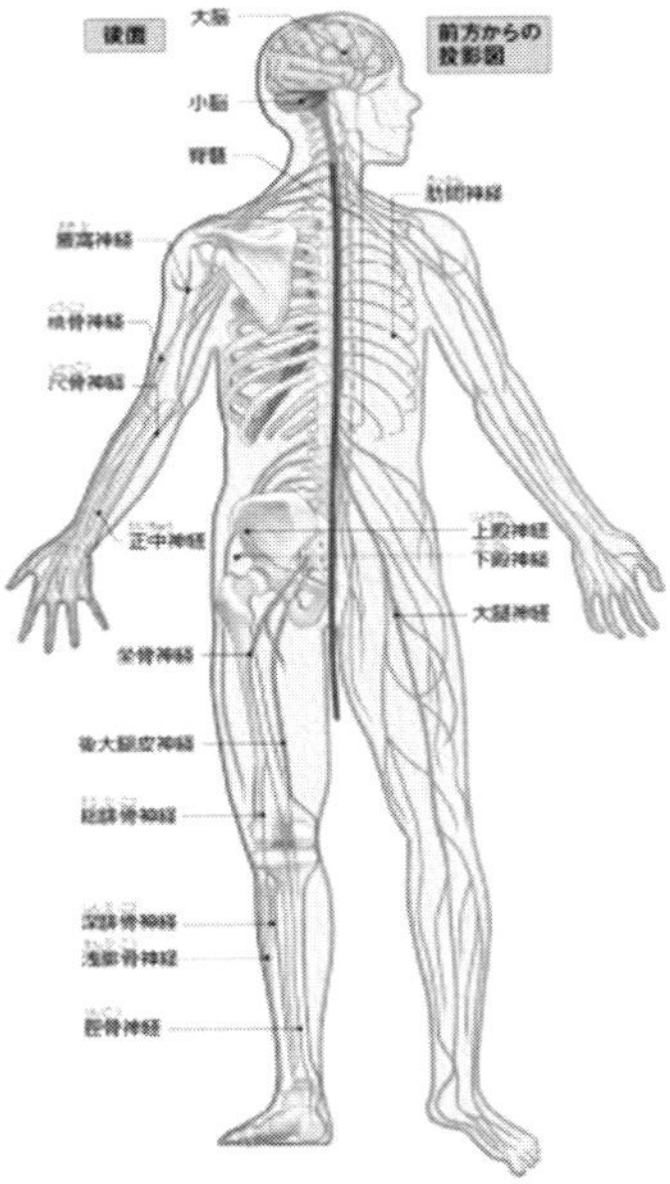

脳と神経系
（髙久史麿ほか監修「六訂版家庭医学大全科」（法研 2010 年））

集中力とその形

日本で結跏趺坐を組んで瞑想している時にはせいぜい二時間半くらいしか座っていられなかったのが、胡坐のようなビルマ式坐法にしてからは一座で数時間があっという間に過ぎてしまうような集中力を得ることができた。それだけの間坐り続けていると、バイオリズムのように、集中力の状態が上がったり下がったりすることを何度か体験せざるを得ない。集中力が出てくる時には、自然に背筋が伸びて、心も体も軽く柔軟になり、どんな微細な変化にも対応できるような機敏性を備えた状態になる。アビダンマ仏教心理学では、心身の端直性、軽快性、柔軟性、適応性として分類されている。

結跏趺坐にせよ胡坐にせよ、足を組んで座る姿勢は、集中力が高まった時に全身の筋肉が骨格を支える力のバランスを取り、ピラミッドのようにどっしりと、背筋がピンと伸びて宇宙の情報を受けとめるアンテナのようになった生命体の形なのではないだろうか。背骨の中には神経が束ねられ走っており、その先端には進化の最先端としての脳が載っている。

ブッダ座像（Fasting Buddha Sikri Yusufzai stupa, Lahore Museum）

痛みの変容

長時間座っているのでお尻や足が痛くなるが、身体は微妙に姿勢を変えて調整しているようで、部分麻酔がかけられたようになって、感覚のバイブレーションは感じても痛みの辛さはなくなり、見つめていられるような状態になる。痛みの身体感覚の周りにかかっていた不安や怒りなどの靄が晴れたような感じである。ブッダが「矢の喩え経」（SN.IV.206）の中で、身体的な第一の矢に打たれても、心理的な第二の矢の追い打ちをかけられないと表現した状態に近く、こうした体験に心を向けて理解してゆくことが洞察力につながる。

観の汚染を超える

集中力の体験の仕方は人それぞれだが、生命力をエネルギーの流れとして感じたり、光として感じたり、悦びとして感じるなど、様式はある程度分類することが可能である。『清浄道論』という五世紀ころにまとめられた瞑想法の総合的な解説書（Buddhaghosa, 363-371）の中では、集中力の成果として得られる体験が以下の一〇パターンに整理されている。

①光明、②智慧、③歓喜、④軽やかさ、⑤楽、⑥確信、⑦奮励、⑧寄り添い、⑨平静な見守り、⑩微欲。

微欲とは、物欲と同じように光やエネルギーなどの神秘的体験に執着して、他者との優劣につなげてこだわってしまう傾向である。微欲が自覚できないと、集中力の成果に伴う神秘性に囚われて、悟りと勘違いしたり、劣等感を補償しようとして人間関係を画策しようとする欲動に煽られてしまったりする。

こうしてスピリチュアルな達成への微欲が、瞑想競争を生み、他者を支配しようとして抑圧的・搾取的な関係性に絡めとられてゆく原因となる。そしてこれが、カルト集団形成の温床となる。

この微欲をしっかりと自覚して、「瞑想の落とし穴（魔境）」をよく観察して、巧みに回避してゆく努力がブッダの説く解脱への洞察智（ヴィパッサナー：vipassanā）への道を開いてくれる。そのためには、神秘体験に遭遇した時の自分自身の反応を見つめ、優越感や劣等感を含めて、人間関係とその奥にあるものをていねいに見極めてゆくことが求められる。

筆者は、禅宗時代にもビルマでの修行時代にも、こうした指導に出会えたことが仏教の伝統に学んだ最大の恩恵だと思っている。

三門（解脱への入口）のくぐり方

禅定体験や神秘体験を含めて、呼吸をはじめとするすべての身心現象には始まりがあり、終わりがある。呼吸瞑想では呼吸がどのように始まり、どのように終わってゆくのか、呼吸の長さや深さの変化を含めてプロセス全体を見つめてゆく。始まりから終わりまで、呼吸という命を象徴するプロセスを見つめてゆくことは無常の洞察へと誘う。

息を吐き終わって、しばらく呼吸が止まっているように感じる時間がある。その時の身体感覚に深く入ってゆくと、次のひと息が出てきてくれる絶対的な保証はないのだという真実に直面してしまい、死に直面したかのように全身から冷や汗が噴出してくるような体験をすることがある。そして、微細な苦しさを経て次にまた吸う息が始まってくれたことを感じると、生かされていることのありがたさが身に染みる。

こうして呼吸にまつわる生命現象の一切合切をありのままに見つめ続けることができるようになると、「私」意識に浮かんでは消えてゆく喜怒哀楽の全てをありのままに見守りながら、そのままに受けとめ、手放してゆく心のモードが育まれ、無我とか空とか呼ばれる心身現象のあり様を体得する準備が整ってゆく。

こうした体験の視座を、伝統仏教では、解脱に向けた洞察智が育ってゆくために必須な、「無常・苦・無我」の三特相にまとめている。寺院の入口には山門（三門）が建てられているが、三つに分かれている入口はこの「無常・苦・無我」を象徴している。

筆者がビルマでそれを体験したときには、それまでは見張っていたような感覚が見守るような感覚に変わったのが印象的であった。「善悪の価値判断を手放す」という感覚に近く、超自我を超える体験（一一二頁参照）に通じるものだと思われる。

覚醒と守破離

それは、「誰が」とか「誰の」という「誰」（主体概念）へのこだわりが溶け、「あの世」と「この世」に象徴される二元論的な構図を超えて、命の流れを見守るような感覚であった。そして、そうした見守りの中では、見張りのために使っていたエネルギー消費から解放され、静けさと温かさの中で軽やかな覚醒が続いた。眠るために横になっても心は覚醒したままの状態が三日間続いて、四日目のお昼に短く昼寝をすることができた。

師匠にそのことを報告すると、「道場の決められたスケジュールのことは忘れてよい。目覚めている限りは自分のペースで坐る瞑想と歩く瞑想を続け、眠くなったらいつでも横になって休みなさい」という自由が許された。そして、自由に瞑想していて気づいたのは、道場にはもう一人、夜中にも自分のペースで瞑想している女性修行者がいたことである。

利休は、基本的な技を身につけることと、それを破ることと、流儀を守ることからも破ることからも離れて自由自在に目の前の相手に合わせてもてなしてゆく境地への道のりを「守破離」と呼んだ。道場のルールに守られて基本ができたら、ルールを手放して自らのバイオリズムに合わせて見守り続けて、こだわりなく命の縁までを見極めてゆくこと。このように師匠から導かれたことも、伝統の恩恵にあずかった体験のひとつであったと思う。

俯瞰性とスピリチュアリティ

そうした覚醒状態では、あらゆる行動を自分の斜め上一メートル半くらいの距離からテレビカメラで見守っているような感覚になることがある。監視されているような冷たさはない。見守られるような温かさの中で、感覚器官への刺激の接触と、接触によって生まれる感受が認知に形成されてゆく流れと、そこから生まれる意図、思いによる身体の動き、動きによる新たな世界との接触感覚

スピリチュアルな器としてのマインドフルネス

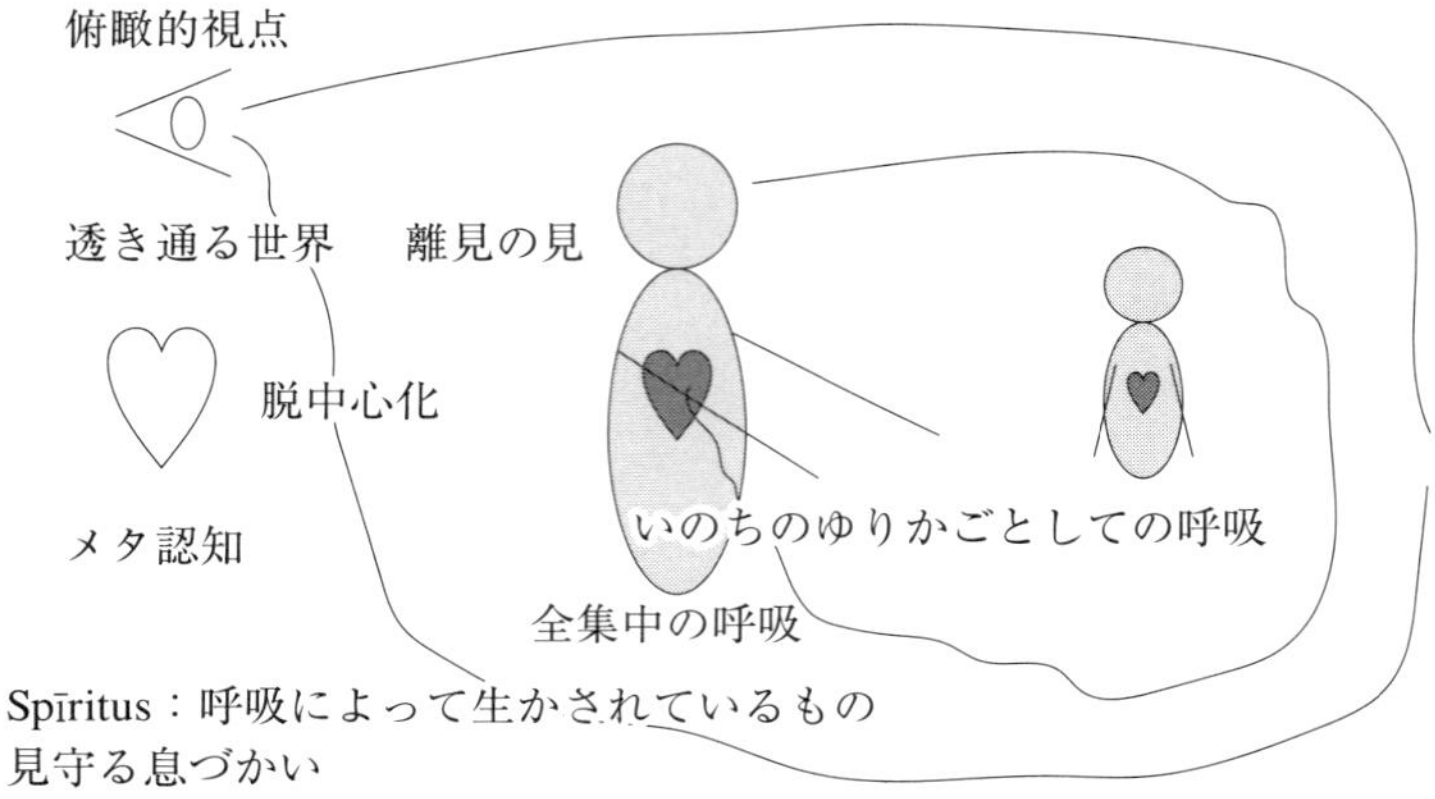

の変化などが流れるままに見つめられてゆく。
それらを客観的に記述して、分析してゆくと、六感覚処のマインドフルネスになり、直線的な時間の流れの中では十二縁起の法になり、非局在的なつながりを含めて観察すると二十四縁の分析になる。
こうして見守る身心のあり様は、世阿弥の「離見の見」に近い俯瞰性を持った体験であり、この全体を見守り見通す俯瞰性が、スピリチュアリティの中核をなす働きとなる。

苦の三様式と「わかっちゃいるけど止められない」こと

「わかってはいるけれど、止められない」という状態があるが、仏教瞑想が深まってゆくと「よくわかったら、もうやりたいとは思えなくなってきた……」という変化が起こる。何が「よくわかる」とそうした変化が起こるのか？　それは三特相の「無

解脱の段階	解放される束縛
預流（sotāpanna）	有身見（sakkāya-diṭṭhi）、戒禁取見（sīlabbata-parāmāsa）、疑（vicikicchā）
一来（sakadāgāmi）	
不還（anāgāmi）	欲貪（kāma-rāga）、瞋恚（vyāpāda）
阿羅漢（arahaṁ）	色貪（rūpa-rāga）、無色貪（arūpa-rāga）、慢（māna）、浮つき（uddhaca）、無明（avijjā）

常・苦・無我」、その中でも「苦（dukkha）」がよくわかるにつれて「もうやりたいとは思えなくなる」という変化が生じやすい。

その苦は、①苦苦：痛みを伴う苦、②変壊苦：変化によってもたらされる苦、③作業苦：善いことをしようとしても自他の思い込みの絡まり合いによって思い通りにならない苦の三タイプに分類される。変壊苦は無常の理解、作業苦は無我・空の理解の展開型としても解釈することができる。

解脱と悟り

上座部仏教では、修行者たちのこうした解脱体験をまとめて、どんな束縛から解放されているかに基づいて、解脱を上の四つの段階に整理している。

悟りとは、解脱に至る際の個人的な理解の物語と、解脱後の個人的な世界観の変容に関する物語であって、十人十色で多様なものであり、その違いは各自の生育歴と人生体験による。

解脱の条件その（一）——有身見を超える

有身見とは、この身体は自分の思い通りになる所有物だと思い込む見解である。この身体は確かに自分のものであり、そう思えることが健康の基盤となるのであるが、自分の思い通りになるものではなく、生まれてくるのも死んでゆくのも、病気になるのも治るのも、さまざまなご縁と環境との交流の中で授かった命を生かされてゆくものである。

この身体が自分のものだと思えるためには適切な育児によって基本的信頼や安心感が得られていることが必要である。その土台の上で、授かりものであり生かされている部分を受けとめ、死という有限性を受容してゆく知恵と勇気が育まれてゆく。それは基本的信頼・安心感の中に潜んでいた万能感の残響を自覚して手放してゆく過程であり、ウィニコットが脱錯覚と呼ぶ過程を全うしてゆく道のりでもある（一〇〇頁参照）。

有身見を超える体験は、この呼吸がいつ止まってもおかしくはないこと、いつ死んでも不思議ではない事実を受けとめる体験である。実際に死の告知を受ける前に死を受容するのに似ている。

身体が消える体験と死の予期悲嘆

無色界禅定は、身体感覚を超えて心（精神性）だけの世界に浸ってゆく集中体験である。最初に無色界禅定を体験したときには、この身体が消えてしまったようで驚き、急いで目を開けて両手で身体に触って、「身体がここにあること」を確かめて安心したことが忘れられない。それ以降は、精神世界の広大さや束縛のなさに安らぐことができるようになった。

禅定によって身体が消える体験に比べると、洞察力によって有身見を超える体験は死の予期悲嘆の体験に近い。自らの有限性に直面して、それを受け容れてゆくためのプロセスである。予期悲嘆にはその人なりの体験過程があり物語がある。この身体が自分の思うようにできる所有物ではなかったのだという真実を受け容れるために、日常を生きるための安心感の基盤となってくれていた万能幻想の名残を手放す体験過程も、どのように自我意識を培ってきたかによって十人十色の様相を呈する。

それは、ウィニコットが脱錯覚と呼んでいた、真理に目覚めるための悲嘆物語と呼んでもよいものであり、経典や解説書（片山一良, 2002, 387.）では「危うさや煩わしさを見つめる智慧（ādīnava-anuppasanā-ñāṇna）」、「厭わしさを見つめる智慧（nibbidā-anuppasanā-ñāṇna）」と呼ばれ、進むべき道が見えてくるスッキリ感（行道智見清浄：paṭipadā-ñāṇadassana-visuddhi）を説明する定型句となっている。

身体が波動の雲になる体験

筆者がこうした洞察を体験したときには、堅固だと思っていた世界や身体がバイブレーションの雲のようになってしまうように感じて驚いたことがあった。例えば歩く瞑想をしていて、十メートルほどの距離を進むのに小一時間くらいかかってしまうくらいの集中度に達すると、見つめている足の裏の感覚を通して感じる床の触感がバイブレーションの雲のようになってしまい、自分がその雲の上から真っ逆さまに落ちていってしまうような気がして、一瞬冷や汗が出るくらいに驚いてしまったことがあった。しかし、次の瞬間、自分の足や身体全体もバイブレーションの雲のようになっていることに気づいて、「大丈夫、自分も振動の雲になったから、雲の上を歩いてゆける」と思えて安心できた。

こうして、知らないうちに作り上げていた堅固な世界観が溶けてゆくプロセスを安全に通過してゆくことができたのだと思う。

解脱の条件その（二）――戒禁取見を超える

戒禁取見とは、宗教的な儀礼や瞑想法などの手法に関する「絶対こうでなくてはいけない」という思い込みである。例えば、結婚式、葬式や法事などはこうしなければいけないという慣習への囚われである。コロナ禍を経て葬儀の仕方が簡略化されてきた今でこそ、こうしたことへの囚われが少なくなってきた一方で、葬儀が持つ悲嘆のための儀礼的な本質が見出されているとはいいがたい。

戒禁取見を超える体験は、そうした宗教的・社会文化的な慣習が絶対的なものだという囚われから解放される一方で、それらが持つ儀礼としての本質的な意味を理解することによって、状況に応じた新しい儀礼の方法を創り上げることができるという創造性と自由が得られるところに大きな価値がある。これは、瞑想や心理療法における技法についての宗派的・グループ的な囚われから解放されて、目の前の相手に合わせて、最もよいアプローチを選んで提供できる自由さにも通じる。

そうした意味合いで、戒禁取見からの解放は、マズローの言う「自己実現」を達成した人の社会や文化からの独立（マズロー 1987, 242）に通じるものがあるように感じられる。

解脱の条件その（三）——疑を超える

「あの世はあるのか」とか「あの世とこの世はどうつながっているのか」などの疑問は、これまで述べてきたような仏教瞑想における実体験を通して、「私」という主体観念がどのようなもので、どのようにして作り上げられてきたものであったのかが腑に落ちることで、解消してゆく。こうして疑いを超える体験は、自己信頼感を生み、思うようにならない人生の試行錯誤を楽しめるようになるための自己効力感を生むように思われる。

旅路のふりかえり方について

上座部仏教では、出家の師匠を和尚と呼び、瞑想修行や学問修行での師匠を阿闍梨と呼ぶ。門司のビルマ僧院で沙弥出家をしてくれてビルマに送り出してくれた和尚は、ウ・ヴェープッラであった。ビルマでの集中瞑想がひと段落して出家儀式を済ませ、学問修行に移った頃に一九八八年の動乱が勃発して、一時帰国していたころのことだったと思う。『アビダンマッタサンガハ』という教理の綱要書（上座部仏教の仏教心理学のテキスト）の第九章「瞑想対象と修行法」について、こんな話をしてくれた。

「解脱しても解脱したと気づかずにいる人もいる。後からお風呂にゆったりとつかりながら、『ああ、以前と比べたらだいぶ落ち着いてきたなぁ……』という感じで分かることもある。瞑想の道のりについては、本当は前もって教えてしまわない方がよいのかもしれないが、人を導く立場になった時のことを考えて、正しい道のりの地図について学んでおくことは必ず役に立つ。」

ビルマでは温かい湯船につかる習慣はないから、おそらくウ・ヴェープッラが来日して日本の文化や風習に親しんだ体験に基づいてのアドバイスだったのだと思う。

阿闍梨の手紙

ビルマの瞑想道場でヴィパッサナー瞑想を指導してくれた阿闍梨はウ・ジャナカであった。瞑想修行がひと段落して出家の儀式を済ませて、ビルマ語の学びも軌道に乗ってきた頃、「せっかく来たのだから、少し学問修行もやっていきなさい。学問修行とはいっても、お前が瞑想修行の中で体験したことが書いてあるだけで、目新しいことは何もないかもしれないが……」と言って、彼自身も学んだマンダレー市のマハーヴィスッダーラマという学問寺に送ってくれた。

出発の日、ウ・ジャナカは「おまえのために紹介状を書いたよ」と言って、微笑みながらビルマ語で読み上げてくれた。

「この若者はなかなかいいエンジンを持っています。でもまだ、ステアリングとブレーキの技術は未熟ですので、ご指導宜しくお願いします。」

「思い通りにならないこと」の見え方

師匠の言葉は、ほぼ的中していた。学問寺での経典と解説書の学びは、瞑想修行における体験の一つ一つを正確に位置づけ、理解するために役立った。ただ、そうした仏教の専門用語による理解を、それぞれの時代、文化、そして人生体験に合わせて、日常の言葉づかいにどのように翻訳してゆくかについては、新しい課題として与えられたような気もした。

例えば、無我・空・縁起についての説明自体は専門用語によるステレオタイプの仕方で分かったような気になることはできる。ただ、本当に腑に落ちた理解に到達できるように、かみ砕いて話せるようになるまでは、また一つ別な努力が必要になる。

無我・空・縁起は同じ真理の別な表現法になっているのだが、そのことが身にしみてわかってくると、「思い通りにならないこと」が、それまでは「嫌なこと、苦しいこと」にしか思えなかったのが、「思い通りにならなかったからこそ、助けられたこと、理解できるようになったこと」も少なくないのだということに気づくようになった。「『私』の勝手な思い通りにならなくてよかった、救われたぁ……」という感じである。

そして、こうした実体験を通して出てくる言葉によって伝わることこそが、専門用語によってわかった気になることとは別次元での理解と洞察への道を開いてくれるように思う。

解脱の後で為すべきこと

『慈しみ経（Mettā-sutta）』（Sn.25-26.）は、僧院では毎週水曜日に読誦され、僧俗を問わずに唱えられている上座部仏教で最もポピュラーな経典である。本質が簡潔にまとめられている点と、僧俗を問わずに普及している点では、日本仏教の『般若心経』に相当する。智慧に関する経典と思いやりに関する経典が、大乗仏教と上座部仏教で最も読誦されることの多い経典の共通点であることは興味深い一致である。

『慈しみ経』は、「意味と利益に巧みな者が、静寂で高貴な涅槃を実現して為すべきことは……」という言葉で始まる。解脱した者が思いやりを持つことの大切さが、具体的な願いとしてイメージしやすいように説かれている。

思いやりが自らを守ってくれること

解説書（Buddhaghosa, 2009, 496-530）では、『慈しみ経』の因縁譚が次のように説かれている。ある出家者のグループが、ヒマラヤ山麓で瞑想に適した森を見つけた。近くには支援してくれる村人たちもいた。彼らはさっそく森に入って、各自の瞑想を始めたが、夜になると恐ろしい姿が見えたり声が聞こえたり、嫌な臭いがしてきたりして瞑想が進まなくなってしまった。

彼らはブッダのもとに帰って、どこか他によい場所がないかを尋ねた。ブッダは彼らの話をよく聞いて、「君たちに他に場所はない。しかし、このままその森に帰っても同じことの繰り返しになってしまうだろうから、君たちの護身術として、そして瞑想法として「慈しみの瞑想法」を教えよう」と答えて、『慈しみ経』が説かれたという。

ブッダの診たてでは、その森には樹神の家族たちが住んでいた。そこにいきなり修行集団がやって来て、彼らの存在にお構いなく、勝手に自分のための瞑想修行を始めてしまったものだから、スピリチュアルなパワーに圧倒されて精霊たちは居心地の悪さを感じた。自由に遊べなくなった子どもたちも機嫌を損ねた。そこで、目に見えない樹の神々たちは修行者たちに嫌なものを見せたりして、少しでも早く追い出そうと嫌がらせを始めたらしい。

修行者たちは、ブッダから慈しみの瞑想法を学び、同じ森に帰ると、今度は思いやりの瞑想をしてから、それぞれの瞑想に取り掛かった。すると、自分たちに思いやりの心を向けてもらった精霊たちは、何となく心があたたかくなり、嬉しくなって、今度は修行者たちの手伝いを始めるものさえ出てきた。

この物語は、修行の邪魔をする魔物を守護神に変えてしまうというタイプの物語の原型となったブッダの時代の出来事である。

加持の初出経典として

『慈しみ経』には、「あたかも母親がひとり子を命をかけて守るように、生きとし生けるものたちに慈しみの心を育みなさい」と説かれている。そして、「この慈しみの念をしっかりと保て（etam satiṁ adhiṭṭheyya)」と説かれているのだが、ここで使われている「アディッテッヤ」という言葉は、密教で使われる加持（adhiśthāna）という言葉の動詞の命令形になっていることに注意したい。

慈念加持

「この慈しみの念をしっかりと保て」
(evaṁ satiṁ adhiṭṭheyya)
持：行者の行力で心が水鏡になる
加：大日如来の神秘的な治癒力が働く

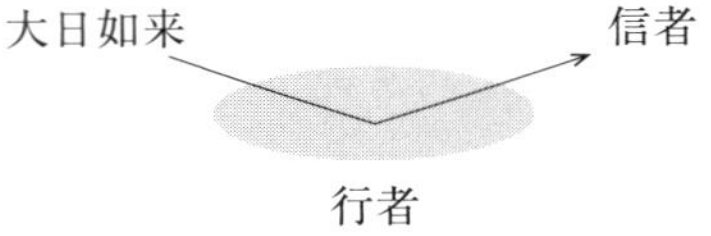

強い絆で結ばれた関係性では、愛憎を含めた強烈で複雑な感情を体験せざるを得ない。だからこそ思いやりの念を強く保持しようと努めることが重要になる。これは親子関係だけではなく、セラピストとクライアント、修行者と信者たちの関係性においても言えることである。

密教における加持の解釈では、行者が心を一つにして心が水鏡になった時（持）、そこに大日如来の神秘的な生命力が輝いて反射し、信者の身心を健康に保ち守るように働く（加）と考える。これは心理療法におけるセラピストとクライアントの関係においても言えることであり、特に逆転移を患者のためにリサイクルしながらセラピストがサバイバルしてゆくために有用な心掛けである。

感情的統合としての思いやり

『清浄道論』の四無量心の解説（Buddhaghosa, 185-187）には、慈しみ瞑想における近い敵（愛欲という似て非なるもの）と遠い敵（敵意や恨み・憎しみという正反対のもの）という観察概念が紹介されている。「生きとし生けるものたちが幸せでありますように」という祈りの言葉（マントラ）に繰り返し心を集中させてゆくのは集中型の慈しみ瞑想である。しかし、実生活では親子関係や夫婦関係のような親密な関係になるほど、愛憎の間で心が揺れ動くものである。それを見守ってゆくのがマインドフルネス瞑想（念処：satipaṭṭhāna）になり、そこから自然に育ってくるのが感情的な統合としての思いやりなのではないかと思われる。

一般的に「慈悲」と呼ばれる思いやりについて、ブッダは慈悲喜捨（四無量心）という四つの心の保ち方として説いている。『清浄道論』では、慈は「生まれてきた赤ちゃんの幸せを祈るこころ」に、悲は「乳幼児が熱を出したり転んで怪我したりした時に、はやく苦しみがなくなりよくなるように祈るこころ」に、喜は「その喜びが少しでも長く続くように祈るこころ」に、捨は「自立して親元を巣立った子どもたちが苦労しながら生きてゆくのを遠くから見守るこころ」に喩えられている。思いやりの心は、子育ての諸段階を経ながら成熟してゆく側面があることへの洞察である。

出家修行者たちの瞑想体験の中で、こうした在家の家庭生活に関係した洞察が得られていたことの不思議さを感じる。きっとそれは、マインドフルネスという記憶に基づいた実践の中で、人類が哺乳類として共同保育によって育まれる安心感をベースにして、感覚の諸様式を統合しながら理解する言語を身につけ、仮想現実としての「私」という観念を創出してサバイバルしてきた進化の歴

思いやりとアンビバレンスの統合
子育ての視点を含めて（『清浄道論』2）

↑似て非なるもの	四無量心	正反対のもの↓
愛欲	慈（mettā） 赤ちゃんには肌を離すな	怒り、憎しみ
感傷（センチメンタリズム）	悲（karuṇā） 子供には手を離すな	批判、非難
過剰な同一化 有頂天	喜（muditā） 手を放しても目を離すな	嫉妬
無関心、拒絶	捨（upekkhā） 目を離しても心を離すな	思い込み、執着

史が感じ取られていたのではないかと思われる。
四無量心と、それらの近い敵・遠い敵の関係をまとめると上のような図になる。

自分自身への思いやりの大切さ

ビルマでの集中的瞑想がひと段落して出家の儀式を済ませ、正式な僧侶としての日常が始まった頃、いつも読み慣れているはずの経典の言葉に心がとまった。それは慈しみの準備瞑想として、自分自身に思いやりの心を送る内容のマントラ（真言）であった。

アビダンマでは、慈しみはいかなる怒りからも解放された状態（adosa）と定義される。そこでは、外向きの怒りとしての敵意や恨みや憎しみ、内向きの怒りとしての罪悪感や自己嫌悪や自己批判、それらが絡まり合って自他の間を出たり入ったりしながらイライラする怒りの三つのタイプの怒りに分類されていて、それらの怒りから解放された状態を祈り、怒りから解放された安らかさと静けさとぬくもりで自分自身を満たす瞑想である。

最初は照れくさい気もしたが、瞑想として真剣に取り組んでみると、思わず涙が出てしまうほどの温かい体験となり、驚いてしまった。今ではセルフ・コンパッションとして現代化されている瞑想だが、毎日の日常読誦経典の中にさりげなく織り込んでいる、伝統的な智慧のありがたさを感じた瞬間であった。

今では「慈しみの準備瞑想の歌」を作って、毎朝一日の始まりに歌うことで瞑想の代わりにしている。

「人を恨むこともなく、イライラもせず、自分を責めて苦しむこともなく
こころ安らかで暮らせることが　幸せなんだって　思えますように
アハン　アヴェーロー　ホーミ　アビャーパッジョー　ホーミ
アニゴー　ホーミ　スキー　アッターナン　パリハラーミ」

菩薩の誓いと行捨智

こうして瞑想修行と学問修行を積み重ねてきて、一つ明らかになったことがある。菩薩思想は大乗仏教の専有物ではなく、上座部仏教の中にもしっかりとした基盤があり、瞑想のどの段階に達してから菩薩の誓いを立てるのが望ましいかについての明確な説明が存在していたということだ。

それは、行捨智（saṅkhārupekkhā-ñāṇa）という智慧を得てから菩薩の誓いを立てるという解釈で

である。行捨智は、「行道智見清浄」というステージの後半に体験される智恵であり、体験するものすべてに無常・苦・無我の三特相を見ることができるようになった状態である。行道智見清浄の前半では、「私」という観念の仮想性を洞察して手放してゆく際の予期悲嘆に相当する「危うさや煩わしさを見つめる智慧」と「厭わしさを見つめる智慧」などが体験される。

そしてこの行捨智に至ると、「このまま進めば間もなく解脱に至るであろう」という実感が生まれる。その感触を確かめた上で、あえてそこに留まる決意をして、「解脱したあかつきには一人でも多くの人たちを解脱に導く役に立ちたい」という願いを立て、菩薩として波羅蜜と呼ばれる功徳を積み重ねる誓いを立てるのである。

この誓いの中で、「すべての人たち」ではなく、「一人でも多くの人たち」という表現の中に、万能感の残響をはっきりと超えている心根を感じ取ることができた。ビルマに滞在中、解脱の完成した阿羅漢と噂されていた著名な僧侶の弟子に会う機会があった。彼は、「師匠は菩薩の誓いを立てていたので、解脱の道は選んでいなかった。世間の噂とは、そんなものだよ……」と語ってくれたのが忘れられない。

呼吸から、宇宙に生まれ進化の最先端を生きる試み

こうして歩んできた道のりを、日本に生まれ育って身につけてきた現代的な知識から自分なりに表現してみたい。

それは、吸う息と吐く息の感触の違いや、吸い始めの引き金となる感覚から吸い終わる瞬間の感覚、吸い終わりから吐き始めに転じる感覚、吐き終わった後にも肺を絞り続けるような感覚、息が止まっている間も肺の周りを抱きとめているような身体感覚、そして何がしかの息苦しさをきっかけに吸い始める感触など、呼吸全体を見つめてゆく作業であった。

呼吸には外呼吸と内呼吸がある。外呼吸は酸素を取り入れ二酸化炭素を吐き出すガス交換、内呼吸は肺から取り入れた酸素が血液によって全身の細胞に送られて細胞内のミトコンドリアで行われるエネルギー代謝。ガス交換を観察する作業は、時に身体各部におけるエネルギー代謝を感じ取るところまで誘われてゆくときがある。

この身体には皮膚という外側の表面があり、その皮膚には目や耳や鼻などの感覚器官がある。口から肛門までつながる管の表面の粘膜は体の内側に取り込まれた表面になっている。舌は、外側の表面の皮膚と内側の表面の粘膜との境界に位置する。そして、鼻から舌にかけての領域を出入りする呼吸は、常に命を支えながら、時に息遣いとなって言語によるコミュニケーションを支える土台にもなってくれる。

共感覚に触れて世界を感じる

眼を閉じると目と瞼が触れ合っている。そっと目を開くと、光が眼に触れ、自然に色や形が見えてきて、自分の方から何かを意識して見るようになる。何かが聞こえて「カラスの泣き声だ」と認

生命の階層性を支える不思議

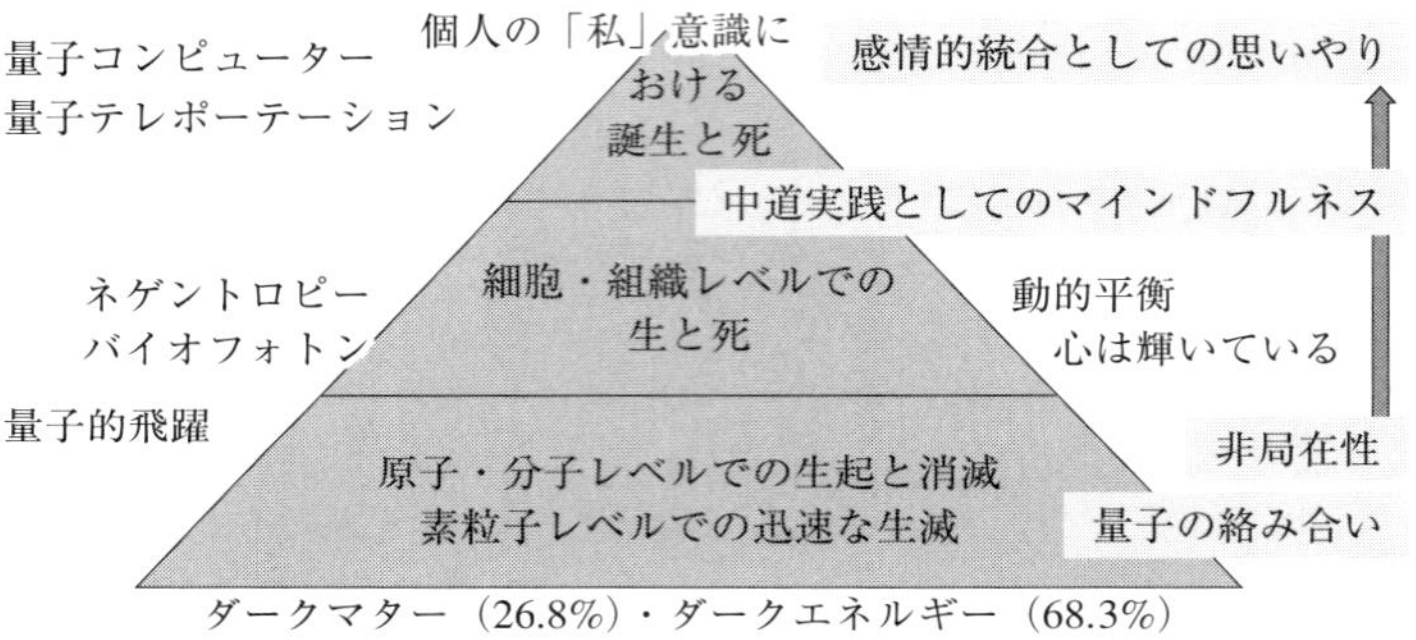

識した瞬間、全身でその鳴き声が聞こえてくる方向や距離を感じ取って、風景が浮かび上がる。その過程を見つめてゆくと、鼓膜に空気の振動が触れる瞬間に気づき、そこに集中すると「〜だ」という認知も風景のイメージも消え去って、水たまりに雨滴が落ちて無数の波紋が広がっているように見えてくる。聴覚と視覚が融合したような共感覚の世界である。

私たちの意識する日常世界は、スターンが新生自己感（九六頁参照）と呼んだ原初的な体験様式から、五感が様式化され、言語によって新たに統合されたものとしていくつもの階層構造の上に創発してくる生命現象だ。

いのちの階層性と非局在的な響き合い

いのちをありのままに見守る仏教瞑想の中で見えてくる宇宙と生命現象の諸相を自分なりにまとめると上の図のようになった。

量子レベルでの絡み合いと非局在性は、宇宙と生命の諸階層を経て私たち人間の心におけるアンビバレンスの統合としての「思いやり」（二一六頁参照）へと響き渡っている。中道と呼ばれるマインドフルネスの実践は、エントロピー増大の法則に逆らって動的平衡を保ち続ける生命現象の揺らぎを見守り続ける営みなのだ。

その揺らぎを感じることの出来る生命現象としての境界は、皮膚や粘膜における接触感覚であるのかもしれない。そこにじっと心を寄せていると、うっすらと感じる「おもさあるいは圧力（darathā）」のようなもの（井上、2010）がある。それは、ダークマターやダークエネルギーからの情報が生命を現象させている究極的地平における感覚なのかもしれない。

スピリチュアルケアへ――「あの世」と「この世」の橋渡しとして生きる道

皮膚や粘膜における接触感覚を事象の地平のようにして創発してくる「私」という意識には、感覚の様式化や言語の分節化などを介して「この世」と「あの世」が分かちがたく組み込まれている。筆者が仏教瞑想の修行によって到達した生活世界における生き方は、必要に応じて「あの世」と「この世」を橋渡ししながら、「あの世」と「この世」を共に生きぬき、手放してゆく可能性のひとつなのではないかと思っている。

こうした橋渡しが日常生活にどのように結実してゆくのかを体験させてくれたのは、高野山大学でスピリチュアルケア学科の創設に参加したときのことであった。大学教育では、看取りにおける深い精神的なサポートの構造を学問的に理論構築し、学生たちを臨床現場に送り出すためにどのような教育を提供するかに心を砕かねばならない。

身体的、社会的、心理的という言葉だけではとらえきれない人間存在の痛みや苦しみを「スピリチュアル」という言葉で記述する。しかし、スピリチュアルな苦痛をケアするための技法は、身体的・心理的・社会的に学習可能なものでなければならない。この「スピリチュアル」という領域を記述するための座標軸が、ひとつは「あの世」と「この世」であり、もうひとつが「私」と「他者」なのであった。

スピリチュアルケアの臨床現場では、突然想定外の状況に放り込まれることがほとんどである。そこでサバイバルするために役に立ったのが、皮膚や粘膜を事象の地平として創発してくる「私」という意識を見守っている修行体験であり、思いやりの心であった。そしてその体験を援助法として再構築してゆくために役に立ったのが、「この世」と「あの世」の橋渡しであり、「私」と「他者」を橋渡しする体験であった。

名前を呼ぶ息遣いのメッセージ――魂の栄養を捉まえるエクササイズ

こうした体験を想像して頂けるように、スピリチュアルケア教育のために開発したエクササイズのひとつを紹介しよう。

自分の名前で、「こんなふうに呼んで欲しいなぁ……」と思う呼び名と呼び方を考える。例えば、

「ウィマラさ～ん」と、最後を伸ばして少し上げ気味に呼んで欲しい……などというように。できれば、その名前と呼び方の息遣いを、紙に書いてみるとよい。

二人一組になって、お互いに自分の呼んで欲しい呼び名とその呼び方を相手に説明して、相手から呼んでもらう。呼んでもらうのを聴きながら、「もう少し最後を伸ばして呼んでみて……」などと、満足できるまで注文してみる。相手に自分のニーズをリクエストする練習にもなる。

次にソロ・ワークに戻って、小さな声で何回もその名前を繰り返し呼びながら、次第に声を小さくしていって、名前を呼ぶ「息遣い」を感じてみる。呼ばれたい名前の息遣いがつかめたら、今度はその息遣いに合わせて少しずつ声帯を震わせながら声にしてゆく。この時、鼻から口蓋そして喉のあたりの感覚を大切にしながら小さなジェスチャーを加えてみるとよい。こうして呼ばれたい名前の息遣いを、身体の動きを込めて繰り返しながら、その名を呼んでもらった後に言って欲しいと思う言葉を探してみる。例えば、「ウィマラさーん、おつかれさま」というふうに。

二人一組になって、呼ばれたい名前と、その後に言って欲しい言葉について、相手に説明して、相手から呼んでもらう。お互いに呼び合い、言い合ってみたら、自由に感じたことや思い出したことなどを話し合う。

グループ全体で円になって坐る。一人ずつ、呼んで欲しい名前とその後で言って欲しい言葉・メッセージについて説明し、なぜそう思うのかについて話してみる。その後で、円の中央に自分のホログラムを想像して、その自分に向けて「呼び名と言って欲しいメッセージ」を自分で呼びかけ、言ってみる。その直後に、全員が声を合わせて、その呼び名と言って欲しい言葉を中央に向かって言ってみる。本人は、みんなが言ってくれた言葉とエネルギーをしっかりと受け取って味わう。

こうして全員が自分の「呼ばれたい名前と、その後に言って欲しい言葉」を呼び、みんなから言ってもらい終わったら、感想を自由に話し合う。

息遣いの秘めるメッセージとして声になって出てくる言葉には、「ありがとう、そのまんまでいいんだよ、大好きだよ、がんばってるね、いっしょに遊ぼぅ……」などがある。

最後にファシリテーターが、言って欲しい言葉は、ある意味で今ここでの「魂の栄養」であり、それは呼ばれたい名前の息遣いに内蔵されていたものであることを説明する。こうした繊細さで相手の話を聴き取り、自分の発する言葉の息遣いに気づいていることが、スピリチュアルケアを実践する基盤となることを説明して場を閉じる。

あとがき

本書の校正刷りに目を通しながら、あらためて共に書を著すことになった石川勇一、鈴木康広、森岡正芳三氏の面影が眼に浮かび、そして不思議なことに、私たち四人の背後に、もう一人、そしてもう一人と、共著者のようにしてあの世からこの試みを応援してくれている人がいるような気になってしまった。

最初のひとりは、献辞を奉げた河合隼雄先生。私たち四人のそれぞれが、それぞれの形で河合先生のお世話になり薫陶を受けてきた。それは森岡が第三章の冒頭で触れているように、河合先生が「たましい」の問題を大切にしていたからであり、心理臨床における「あの世」のテーマはその必然的な帰結に他ならない。だからこそ、心のどこかで河合先生に「僕たち、うまくやれたでしょうか……」と尋ねてみたい自分がいることを微笑ましく思ってしまった。

そこで、後書きの紙面を借りて河合先生との個人的な想い出を紹介させていただきたい。今から思うと、あの時の先生のお話が、これまでの私の歩みをずっと導いてきてくれているような気もするからである。それは、私が大学を中退してビルマに修行に出向く前、友人を自殺で亡くして「もっと自分にできることがあったのではないか……」と悩んでいた時のことであった。

忙しい中で昼休みの一時間を割いてくれて、研究室で牛乳とパンを食べながら私の話を聴いてくれた。そして先生は、こんなことを話してくれた。「あなた、ほんとうにお坊さんになりたいのか？　もしそうなら、こんなお坊さんになってや。例えば、お盆の棚経で、檀家さんの家に上がって仏壇の前でお経を唱えている時、その家の小さな子どもが走り回って、家の人が制しようとする。その時あなたは、大人たちに目配せして、子どもをそのまま走り回らせてあげて、お経を続ける。そして読経が終わる時には、子どもはあなたの膝の上に載っておとなしくしていて、あなたは何事もなかったかのように、子どもを膝にのせたままお茶を頂き、世間話をし、最近の家族の話を聴いて帰ってゆく。そんなお坊さんになってくださいね。」

河合先生の最終講義が「コンステレーション」についてであったこととにも重なって思い出深いのだが、さらに忘れられなくなったのは、後になってある学会の席でこのことを河合先生本人にお話したところ「そうでしたかねぇ……」と全く覚えていらっしゃらなかったことである。たましいは、このように言語的記憶意識を超えたところで仕事をすることもあるらしい。

実はこの時、医学部の木村敏先生と藤縄昭先生にも一時間ずつお話を聴いていただいた。そこで私の話したことやアドバイスして頂いた内容が全く違ったものであったことも、心理療法がなんであるのかを直接的に教えてもらえた体験であったように思う。そして、この三つの面接が実現するように大学キャンパスで導いてくれたのが社会学ゼミで出会った医学部の鈴木康広さんであったことも、今から考えると深い縁に導かれていたのだと思う。

あの世からスーパーバイザーのように見守ってくれているのが河合先生だとすると、「まえがき」で森岡が詳しく説明してくれた「他界心理学」を創唱した井上亮さんは、どちらかというと第五番目の共著者に近い距離感で本書の中にいてくれるような気もする。シャーマニズムと心理臨床や仏教の話は、石川が自身の体験を含めて詳しく論じてくれた。それを受けて鈴木は「あの世とこの世の往来のための命綱」という視点を第六章で提供してくれた。「命綱」という言葉が、仏教の戒について生活習慣という語源的な意味から再考するための視界を開いてくれた。それは、エレンベルガーの『無意識の発見』第一章「力動精神療法の遠祖」を思い出させるものにもなってくれた。

そしてもう一人、突然だが、昨年末に逝去されたという黒木賢一さん。仏教心理学会で出会い、日本心理臨床学会での「心理臨床と仏教」というシンポジウムを企画して支えてくださった。知らせを聞いて、私が本書の原稿に悪戦苦闘していた時に亡くなられたのだと思うと切なくなってしまう。まえがきにも触れられているが、たぶんあの世でも遍路をされていて、「同行二人」しながら私たちを見守ってくれているように思う。

私たちはこうして見えない絆や縁に導かれ守られながら「あの世」について、それぞれの視点から、探求を重ねてきた。みんなそれぞれに違うからこそ、照らし出す光と影の重なり具合を通して、言葉ではすくいきれないいのちの広がりや深みについて、思いを向けることが可能になってゆくのだと思う。こうして「あの世」を大切にする心がけが、「この世」に悩みつつ生きている私たちをよりよく支えてくれるものになってゆくことを願っている。

今このあとがきを書きながら思うことは、出版されたらまた四人で話し合う機会を持ち、これまでの道のりをふりかえりながらこれからのことについて自由に話し合ってみたいということだ。本書を手に取ってくださった皆さんも、感想や質問を編集部に寄せてほしい。「この世」の生を豊かに充実させるために、よりよい仕方で「あの世」を回復するための営みの輪が、人知れずともひそやかにつながり合っていってくれることを願っている。

井上ウィマラ

変わりゆく梅雨に戸惑いながら

二〇二四年七月吉日

参考文献

〈第一部〉

第一章

石川勇一（2016a）「アマゾン・ネオ・シャーマニズムの心理過程の現象学的・仏教的研究」『トランスパーソナル心理学／精神医学』、15（1）、pp.62-86.

石川勇一（2016b）『修行の心理学：修験道、アマゾン・ネオ・シャーマニズム、そしてダンマへ』コスモス・ライブラリー

ISHIKAWA,Y.（2023）*Uma abordagem fenomenologica e budista do processo psicologico no neo-xamanismo amazonico*, de Oliveira Lee, H & T. Goto eds. *Enteogenos: mediacoes ecologicas e semioticas*, Editora Appris:Curitiba.

Kübler-Ross, E.（1969）*On Death and Dying*, Macmillan（キューブラー・ロス、川口正吉訳『死ぬ瞬間：死にゆく人々との対話』読売新聞社、1971年）

Pablo Amaringo（2011）*The Ayahuasca Visions of Pablo Amaringo*, Inner Traditions.

第二章

ブラヴァツキー, H.P. ジルコフ（編）2010. 老松克博（訳）『ベールをとったイシス 第一巻 科学上』竜王文庫

ボーネル,G. 1999. 大野百合子（訳）『光の十二日間』ヴォイス

ボーネル,G. 古川益三 2002. 大野百合子（訳）『人類アカシャ全史――アカシックレコードから読み解く人類の起源と歴史、そして驚愕の近未来』ヴォイス

ボーネル,G. 2004. 大野百合子（訳）『アトランティスの叡智――思考の現実化／意識の物質化』徳間書店

ダンテス・ダイジ 1986.『ニルヴァーナのプロセスとテクニック』森北出版

Hillman, J., Shamdasani, S. 2013. *Lament of the Dead: Psychology after Jung's Red Book*, New York: W.W. Norton & Company.（ヒルマン, J. シャムダサーニ, S. 2015. 河合俊雄（監訳）名取琢自（訳）『ユング『赤の書』の心理学――死者の嘆き声を聴く』創元社）

井上ウィマラ 2005.『呼吸による気づきの教え パーリ原典「アーナーパーナサティ・スッタ」詳解』佼成出版社

井上ウィマラ 2022. 私信（2022.2.2）

生井智昭 2012. 65 中有 井上ウィマラ・加藤博巳・葛西賢太（編集）2012.『仏教心理学キーワード事典』春秋社

Jung, C.G. 1935/1969. Psychological Commentary on *The Tibetan Book of the Dead* in *Collected Works 11*, Princeton: Princeton University Press.（ユング, C.G. 1983. 湯浅泰雄・黒木幹夫（訳）　チベットの死者の書の心理学　『東洋的瞑想の心理学』創元社）

Jung, C.G. 1936/1964. ʻWotanʼ. In *Collected Works 10*, *Civilization in Transition*（2nd edn.）. Princeton, NJ: Princeton University Press.（ユング, C.G. 1996. 松代洋一（訳）現代史に寄せて　ヴォータン　『現在と未来　ユングの文明論』平凡社ライブラリー）

Jung, C.G. 1939/1954/1969. Psychological Commentary on *The Tibetan Book of the Great Liberation* in *Collected Works 11*, Princeton: Princeton University Press.（ユング, C.G. 1983. 湯浅泰雄・黒木幹夫（訳）　チベットの大いなる解脱の書　『東洋的瞑想の心理学』創元社）

Jung, C.G. 1945/1964. ʻAfter the Catastropheʼ. In *Collected Works 10*, *Civilization in Transition*（2nd edn.）. Princeton, NJ: Princeton University Press.（ユング, C.G. 1996. 松代洋一（訳）現代史に寄せて　破局のあとで『現在と未来　ユングの文明論』平凡社ライブラリー）

Jung, C.G. 1952/1969. Answer to Job in *Collected Works 11*, Princeton: Princeton University Press.（ユング, C.G. 1988. 村本詔司（訳）ヨブへの答え　『ユング・コレクション３　心理学と宗教』人文書院）

ユング, C.G. 1956/2000. 池田紘一（訳）『ユング・コレクション６　結合の神秘Ⅱ』人文書院

Jung, C.G. 1961/1989. *Memories, Dreams, Reflections*, New York: Vintage Books.（ユング, C.G. ヤッフェ（編）1972/1973. 河合隼雄・藤縄昭・出井淑子（訳）『ユング自伝 1/2』みすず書房）

Jung, C.G. 2009. Shamdasani, S.（Ed.）. *THE RED BOOK*, New York: W.W. Norton & Company.（ユング, C.G. 2010. 河合俊雄（監訳）『赤の書』創元社）
加藤清＋上野圭一 1998.『この世とあの世の風通し―精神科医加藤清は語る』春秋社
川崎信定（訳）1989/1993.『原典訳　チベットの死者の書』ちくま学芸文庫
神田橋條治 1984/1994.『追補　精神科診断面接のコツ』岩崎学術出版社
Kernberg,O.F. 1984. *Severe Personality Disorders:* Psychotherapeutic Strategies. Yale University Press.（カーンバーグ, O.F. 1996. 西園昌久（訳）『重症パーソナリティ障害―精神療法的方略』岩崎学術出版社）
Leary, T., Metzner, R., Alpert, R. 1964/1992/2007. *The PSYCHEDELIC EXPERIENCE*, CITADEL PRESS（Kensington Publishing Corp.）.（リアリー,T. メッナー, R. アルパート, R. 1994.『チベットの死者の書―サイケデリック・バージョン』八幡書店）
村上仁 1974. 能と精神病理学――能に現れた憑依状態について　宮本忠雄（編）『分裂病の精神病理 2』東京大学出版会
中井久夫・山口直彦 2001/2004.『看護のための精神医学　第 2 版』医学書院
NHK スペシャル 1993. チベット死者の書
老松克博 2023.『法力とは何か―「今空海」という衝撃―』法藏館
鈴木康広 2018.『個性化プロセスとユング派教育分析の実際』遠見書房
Suzuki, Y. 2023. Bardo, Noh plays and Zeitgeist in Japan: getting through the COVID-19 pandemic and

the Ukraine crisis in Brodersen, E.（Ed.）. *Jungian Dimensions of the Mourning Process, Burial Rituals and Access to the Land of the Dead*, Intimations of Immortality. London: Routledge. pp101-112.

辻麻里子 2003.『22を越えてゆけ　宇宙図書館をめぐる大冒険』ナチュラルスピリット

第三章

Antonovsky, A.（1987）. Unraveling the mystery of health. San Francisco: Jossey-Bass Publishers.『健康の謎を解く：ストレス対処と健康保持のメカニズム』山崎喜比古・吉井清子監訳. 有信堂高文社 2001

石牟礼道子（1986）.『陽のかなしみ』朝日新聞出版

石津照璽（1947/1980）.『天台実相論の研究―存在の極相を索めて』創文社

井上亮（2006）.『心理療法とシャーマニズム』創元社

井上亮（*forthcoming*）.『他界心理学講義』（井上靖子・森岡正芳・濱野清志 編）創元社

岩田慶治（1985a）.『カミの人類学―不思議の場所をめぐって』講談社

河合隼雄（1987a）. 魂の知と信. 日本学 9, 1987 年 6 月号, 94-100

河合隼雄（1987b）.『明恵 夢を生きる』京都松柏社

原田敦子（1998）.『古代伝承と王朝文学』和泉書院

Lifton, R. J.（1976）. *The Life of the Self: Toward a New Psychology*. New York: A Touchstone Book.
（『現代、死にふれて生きる――精神分析から自己形成パラダイムへ』渡辺牧・水野節夫（訳） 有信堂高文社 1989）

飯倉照平・長谷川興蔵編（1990）.『南方熊楠 土宜法竜 往復書簡』八坂書房

森岡正芳（2012）. 希望を生む協働. 山中康裕・中島登代子・森岡正芳・前林清和（編）『揺れるたましいの深層――こころとからだの臨床学』43-56, 創元社

諸岡了介（2022）. 死者に接して絆に繋ぐ―死者臨在感覚の研究史―. 宗教研究 96-2, 195-217.

河合隼雄・村上春樹（1996）.『村上春樹、河合隼雄に会いに行く』岩波書店

大村哲夫（2012）. 生者と死者をつなぐ〈絆〉―死者ヴィジョンの意味するもの―. 印度学宗教学会論集 39, 61-74.

折口信夫（1929/1965）. 妣が国へ・常世へ――異教意識の起伏.『古代研究』第一部 民俗学篇第一所収. 中央公論社

島薗進（2019）.『ともに悲嘆を生きる――グリーフケアの歴史と文化』朝日新聞出版

高橋原・堀江宗正（2021）.『死者の力―津波被災地「霊的体験」の死生学―』岩波書店

谷川健一（1979）.『青と白の幻想』三一書房

柳川啓一（1987）.『祭と儀礼の宗教学』筑摩書房

柳田国男（1961）. 根の国の話.『海上の道』所収. 筑摩書房

第四章

中村元　『ブッダのことば――スッタニパータ』岩波文庫　1984

羽矢辰夫　「対機説法・次第説法」「無記」「涅槃」『仏教心理学キーワード事典』春秋社　2012

渡邉照宏訳　『南伝大蔵経3律蔵3』大蔵出版　2003

井上ウィマラ　「四聖諦」「戯論」「有分心」「臨終心路」『仏教心理学キーワード事典』春秋社　2012

O.ランク　『出生外傷』みすず書房　2013

S.グロフ　『脳を超えて』春秋社　1988

井上ウィマラ　「五蘊と無我洞察におけるasmiの位相」『高野山大学論叢』第43巻　高野山大学　2008

D.スターン　『乳児の対人世界――理論編』岩崎学術出版社　1989

M.S.マーラー　『乳幼児の心理的誕生――母子共生と個体化』黎明書房　2001

D.W.ウィニコット　『情緒発達の精神分析理論』岩崎学術出版社　1977

D.W.ウィニコット　「移行対象と移行現象」『遊ぶことと現実』岩崎学術出版社　1979

三木成夫　『胎児の世界――人類の生命記憶』中公新書　1983

Jon. Kabatt-jinn Some reflections on the origins of MBSR, skillful means, and the trouble with maps, *Contemporary Buddhism*, Routledge, 2011

J.ラカン　「〈わたし〉の機能を形成するものとしての鏡像段階」『エクリ』弘文堂　1972

井上ウィマラ　「Satipaṭṭhāna-Sutta における『内・外』について」『パーリ学仏教文化学』第 27 号，1-19，パーリ学仏教文化学会　2013

S.フロイト　「分析医に対する分析治療上の注意」『フロイト著作集第 9 巻』人文書院　1983

S.フロイト　「想起、反復、徹底操作」「隠蔽記憶について」『フロイト著作集第 6 巻』人文書院　1970

C.G.ユング　「家族的布置」『連想実験』みすず書房　2000

J.リゾラッティ&C.シニガリア　『ミラーニューロン』紀伊國屋書店　2009

帚木蓬生　『ネガティブ・ケイパビリティ――答えの出ない事態に耐える力』朝日新聞出版　2017

W.ビオン　「さまざまな嘘と思考者」『精神分析の方法 II』法政大学出版局　2002

藤本晃　「三明六通」『仏教心理学キーワード事典』春秋社　2012

榎本文雄　「漏」『仏教心理学キーワード事典』春秋社　2012

浪花宣明訳　『原始仏典 III 増資部経典第 1 巻』春秋社　2016

A.N.V.87. Pali Text Society, 1979

〈第二部〉

第五章

Grof, S. & Grof, C. Ed.（1990）*The stormy search for the Self : A guide to growth through transfomational crisis*, Los Angeles: Tarcher（安藤治・吉田豊訳『魂の危機を超えて：自己発見と癒しの道』春秋社、1997年）

Grof, S. & Grof, C. Ed.（1989）*Spiritual emergency: When personal transformation becomes a crisis*. New York: Tarcher（高岡よし子・大口康子訳『スピリチュアル・エマージェンシー：心の病と魂の成長について』春秋社、1999年）

石川勇一（2004）「『前世療法』の臨床心理学的検証：その問題点と可能性」日本トランスパーソナル心理学／精神医学、5（1）、pp.66-76.

石川勇一（2016）『修行の心理学：修験道、アマゾン、ネオ・シャーマニズム、そしてダンマ』コスモス・ライブラリー

石川勇一（2019）『心を救うことはできるのか：心理学・スピリチュアリティ・原始仏教からの探求』サンガ

石川勇一（2023）『ブッダの瞑想法：ミャンマーとタイでブッダ直系の出家修行をした心理学者の心の軌跡』サンガ新社

石川勇一（2024）『ダンマ・セラピー宣言』サンガ新社（近刊予定）

片山一良訳（2011）『パーリ仏典 第3期1　相応部（サンユッタニカーヤ）有偈篇Ⅰ』大蔵出版
Lambert, M. J.（1992）. Psychotherapy outcome research: Implications for integrative and eclectical therapists. In J. C. Norcross & M. R. Goldfried（Eds.）, Handbook of psychotherapy integration（pp. 94-129）. Basic Books.
Lukoff, D.（1985）*The diagnosis of mystical experiences with psychotic features*. Journal of Transpersonal Psychology, 17（2）, pp.155-181.
Lukoff, D.（1996）*Diagnosis: A Transpersonal Approach to Religious and Spiritual Issues*. Textbook of Transpersonal Psychiatry and Psychology,　Basic Books（ルーコフ「診断：宗教的・霊的な問題に対するトランスパーソナルなアプローチ」スコットン・チネン・バティスタ編、安藤・池沢・是恒訳『テキストトランスパーソナル心理学・精神医学』第20章、日本評論社、1999年）
中村元訳（1980）『ブッダ最後の旅：大パリニッバーナ経』岩波書店
中村元訳（1984）『ブッダのことば：スッタニパータ』岩波書店
田坂広志（2022）『死は存在しない：最先端量子科学が示す新たな仮説』光文社
Wilber, K.,（1995）*Sex, Ecology, Spirituality : The Spirit of Evolution*, Shambhala（『進化の構造1』松永太郎訳、春秋社、1998年）

第六章

安藤治・池沢良郎・是恒正達（訳）1999.『テキスト／トランスパーソナル心理学・精神医学』日本評論社.（ルーコフの論文を所収）231-253, 279-291.

石川勇一 2016.『修行の心理学――修験道、アマゾン、ネオ・シャーマニズム、そしてダンマへ』コスモス・ライブラリー

井上亮 2006.『心理療法とシャーマニズム』創元社

井上ウィマラ・加藤博己・葛西賢太（編集）2012.『仏教心理学キーワード事典』春秋社

Jung, C.G. 1952/1969. Answer to Job in *Collected Works 11*, Princeton: Princeton University Press.（ユング, C.G. 1988. 林道義（訳）『ヨブへの答え』みすず書房. 153.）

Jung, C.G. 1961/1989. *Memories, Dreams, Reflections*, New York: Vintage Books.（ユング, C.G. ヤッフェ（編）1972/1973. 河合隼雄・藤縄昭・出井淑子（訳）『ユング自伝 1/2』みすず書房）

Jung, C.G.: Adler, G.（ed）, Hull, R.F.C.（tr.）1973. *C.G. JUNG LETTERS Volume 1 1906-1950*. Routledge. 376-377.

加藤清＋上野圭一 1998.『この世とあの世の風通し―精神科医加藤清は語る』春秋社

加藤清＋鎌田東二 2001.『霊性の時代―これからの精神のかたち』春秋社

真栄城輝明 2005.『心理療法としての内観』朱鷺書房

Perry, J.W. 1974. *The Far Side of Madness*, Spring Publications.

Shorto, R. 1999. *Saints and Madmen*, Henry Holt and Company.
鈴木康広 2018.『個性化プロセスとユング派教育分析の実際』遠見書房
鈴木康広 2020. ユング心理学からみた内観. 内観研究, 26（1）, 77-85.
鈴木康広 2022. スピリチュアル・エマージェンシー再考（1）. 佛教大学臨床心理学研究紀要, 27, 25-33.
Suzuki, Y. 2023. Bardo, Noh plays and Zeitgeist in Japan: getting through the COVID-19 pandemic and the Ukraine crisis in Brodersen, E.（Ed.）. *Jungian Dimensions of the Mourning Process, Burial Rituals and Access to the Land of the Dead*, Intimations of Immortality. London: Routledge. pp101-112.
東畑開人 2015.『野の医者は笑う――心の治療とは何か？』誠信書房
湯浅泰雄・定方昭夫（訳）1980.『黄金の華の秘密』人文書院
湯浅泰雄 1996.『ユングとキリスト教』講談社学術文庫
吉福伸逸（監修）1996.『トランスパーソナル　ヴィジョン…3　意識の臨界点』雲母書房.（ルーコフの論文を所収）96-130.

第七章

Agamben, G.（2005）.*La Potenza del pensiero: saggi e conferenze.* Vicenza: Neri Pozza（『思考の潜勢力

論文と講演』高桑和巳訳. 月曜社.2009.）

Hillman, J.（1975）. Re-visioning psychology. New York: Harper & Row.

Hillman,J.&Shamdasani,S.（2013）. Lament of the Dead: Psychology After Jung's Red Book. New York: Norton.（『ユング『赤の書』の心理学――死者の嘆き声を聴く』河合俊雄・名取琢自訳. 創元社 2015.）

井上亮（*forthcoming*）.『他界心理学講義』（井上靖子・森岡正芳・濱野清志 編）創元社　近刊。

岩田慶治（1985b）.『東南アジアのこころ』NHK 市民大学

西平　直（2015）.『誕生のインファンティア――生まれてきた不思議、死んでゆく不思議、生まれてこなかった不思議』みすず書房

折口信夫（1929/1965）. 妣が国へ・常世へ――異教意識の起伏.『古代研究』第一部 民俗学篇第一」所収　中央公論社

Ricoeur,P.（2004）. *Parcours de la reconnaissance. Trois études*, Stock,（『承認の行程』川崎惣一訳　法政大学出版局 2006.）

Spielrein,S.（1912）. "Die Destruktion als Ursache des Werdens". *Jahrbuch für Psychoanalytische und Psychopathologische Forschungen* 4, 465-503.「生成の原因としての破壊」Carotenuto, A. and Trombetta, C.（1982）. *A* Secret Symmetry: Sabina Spielrein between Jung and Freud. New York: Random House.（『秘密のシンメトリー』入江良平・村本詔司・小川捷之訳. 所収 みすず書房 1991.）

山内得立（1993）.『随眠の哲学』岩波書店

第八章

諸岡了介「終末期ケアと〈お迎え〉体験」『緩和ケア』24　青海社　2014

D.W. ウィニコット「移行対象と移行現象」『遊ぶことと現実』　岩崎学術出版社　1979

D.W. ウィニコット「思遣りを持つ能力の発達」『情緒発達の精神分析理論』　岩崎学術出版社　1977

S.N.IV.207-201. Pali Text Society, 1990.『原始仏典 II 相応部経典第四巻』p.495-497.　春秋社　2013

Buddhaghosa　『南伝大蔵経 64 清浄道論 3』大蔵出版　2004

片山一良訳　『中部（マッジマニカーヤ）根本五十経篇 I』p.387. 大蔵出版　2002

マズロー　『人間性の心理学――モチベーションとパーソナリティ』　産業能率大学出版部　1987

Anuruddha ウ・ウェープッラ、戸田忠訳注　『アビダンマッタサンガハ――南方仏教哲学教義概説』　アビダンマッタサンガハ刊行会　1992

Sn.25-2. Pali Text Society. 中村元訳『ブッダのことば――ヌッタニパータ』p.37-38. 岩波文庫　1984

Buddhaghosa 村上真完、及川真介訳註　『仏のことば註（一）――パラマッタ・ジョーティカ』　p.496-530. 春秋社　2009

Buddhaghosa『清浄道論 63 清浄道論 2』大蔵出版　2004

井上ウィマラ「『小空経』における空の実践構造について」『印度学仏教学研究』第 58 巻（2）

p.201-206. 日本印度学仏教学会　2010

森岡正芳（もりおか・まさよし）

1954年埼玉県生まれ。京都大学文学部哲学科（宗教学専攻）卒業。同大学院教育学研究科博士後期課程単位取得退学。博士（教育学、京都大学）。京都大学助手、天理大学助教授、奈良女子大学教授、神戸大学教授、立命館大学教授を歴任。著書に『臨床ナラティヴアプローチ』（ミネルヴァ書房）、『うつし臨床の詩学』（みすず書房）、『物語としての面接―ミメーシスと自己の変容』（新曜社）、『ナラティヴと情動』（共著、北大路書房）、『語りと騙りの間』（共編著、ナカニシヤ出版）、『心理臨床と宗教性』（共編著、創元社）、“Jungian and Dialogical Self Perspectives”（共編著、Macmillan）などがある。

井上ウィマラ（いのうえ・うぃまら）

1959年山梨県生まれ。京都大学文学部哲学科宗教哲学専攻中退。日本の曹洞宗で只管打坐と正法眼蔵を学び、ビルマの上座部仏教でヴィパッサナー瞑想、経典とその解釈学並びにアビダンマ仏教心理学を学ぶ。カナダ・イギリス・アメリカで瞑想指導のかたわらで心理療法を学ぶ。バリー仏教研究所客員研究員を終えて還俗。マサチューセッツ大学医学部のマインドフルネスセンターでMBSRのインターンシップを研修後に帰国。高野山大学でスピリチュアルケアの基礎理論と援助法の構築に取り組む。現在はマインドフルライフ研究所オフィス・らくだ主宰。著書に『子育てから看取りまでの臨床スピリチュアルケア』（興山舎）、『楽しく生きる、豊かに終える』（春秋社）、『呼吸による気づきの教え』（佼成出版社）、共著に『私たちはまだマインドフルネスに出会っていない』（日本評論社）、『瞑想脳を拓く』（佼成出版社）、『スピリチュアルケアへのガイド』（青海社）などがある。

著者紹介

石川勇一（いしかわ・ゆういち）

1971年神奈川県生まれ。早稲田大学人間科学部卒、早稲田大学大学院人間科学研究科卒。日本トランスパーソナル心理学／精神医学会前会長。病院（精神科／精神科）心理カウンセラー、学生相談室相談員等を経て現在法喜楽庵（http://houkiraku.com/）代表。修験道（熊野）、シャーマニズム（ブラジル）、上座部仏教短期出家修行（ミャンマー、タイ）を経験し、心理療法・瞑想・ダンマを統合した独自のダンマ・セラピー、瞑想会、リトリートを実践。臨床心理士、公認心理師、行者（修験道、初期仏教）。現在、相模女子大学人間社会学部人間心理学科教授。主な著書に『欲ばらない練習』（近刊予定）、『ダンマセラピー宣言』（近刊予定）、『ブッダの瞑想修行：ミャンマーとタイでブッダ直系の出家修行をした心理学者の心の軌跡』、『こころを救うことはできるのか』、『スピリチュアリティ研究の到達点と展開』、『修行の心理学：修験道、アマゾン・ネオ・シャーマニズム、そしてダンマへ』、『新・臨床心理学事典：心の諸問題・治療と修養法・霊性』など。

鈴木康広（すずき・やすひろ）

1963年愛知県生まれ。京都大学医学部医学科卒業。博士（教育学）。吉田病院精神科勤務をへて、2002年、スイスのユング研究所CGJIZに留学し、2008年、ユング派分析家になる。帰国後、佛教大学特任教授（2011年まで）、鈴木クリニック院長（2013年まで）をへて、現在、佛教大学教育学部臨床心理学科教授（専任）、プラクシス鈴木主宰。国際箱庭療法学会ティーチングメンバー（CST-T）。著書に『個性化プロセスとユング派教育分析の実際』（遠見書房）、『宗教と心理学―宗教的啓示と心理学的洞察の対話』（創元社）、『砂の癒し・イメージ表現の力―トラウマ，発達障害，ADHDをもつクライエントとの箱庭療法』（監修・共著、ナカニシヤ出版）、分担執筆した書にJungian Dimensions of the Mourning Process, Burial Rituals and Access to the Land of the Dead-Intimations of Immortality（Routledge）、『仏教心理学入門』（晃洋書房）、『内観法・内観療法の実践と研究』（朱鷺書房）などがある。

心理臨床における「あの世」のゆくえ

2024年9月20日　第1刷発行

著者――――――石川勇一、鈴木康広、森岡正芳、井上ウィマラ
発行者―――――小林公二
発行所―――――株式会社 **春秋社**
〒101-0021 東京都千代田区外神田2-18-6
電話03-3255-9611
振替00180-6-24861
https://www.shunjusha.co.jp/
印刷・製本――萩原印刷 株式会社
装丁――――――鈴木伸弘

Printed in Japan, Shunjusha
ISBN978-4-393-36127-6
定価はカバー等に表示してあります